古典文獻研究輯刊

二九編

潘美月・杜潔祥 主編

第 23 冊

「大學國文」科課程研究（1898～1983）（下）

楊 鍾 基 著

國家圖書館出版品預行編目資料

「大學國文」科課程研究（1898～1983）（下）／楊鍾基 著─
初版─新北市：花木蘭文化事業有限公司，2019〔民 108〕
目 4+172 面；19×26 公分
（古典文獻研究輯刊 二九編；第 23 冊）
ISBN 978-986-485-962-7（精裝）
1. 國文科 2. 語文教學 3. 課程研究 4. 高等教育
011.08   108012007

ISBN-978-986-485-962-7

9 789864 859627

古典文獻研究輯刊
二九編　第二三冊　　　　　　　　ISBN：978-986-485-962-7

「大學國文」科課程研究（1898～1983）（下）

作　　者　楊鍾基
主　　編　潘美月　杜潔祥
總 編 輯　杜潔祥
副總編輯　楊嘉樂
編　　輯　許郁翎、王筑、張雅淋　美術編輯　陳逸婷
出　　版　花木蘭文化事業有限公司
發 行 人　高小娟
聯絡地址　235 新北市中和區中安街七二號十三樓
　　　　　電話：02-2923-1455／傳真：02-2923-1452
網　　址　http://www.huamulan.tw 信箱 hml810518@gmail.com
印　　刷　普羅文化出版廣告事業
初　　版　2019 年 9 月
全書字數　150490 字
定　　價　二九編 29 冊（精裝）新台幣 58,000 元　　版權所有‧請勿翻印

「大學國文」科課程研究（1898～1983）（下）

楊鍾基　著

目次

下　冊

（廿六）

《大一國文教材》
編者：崇基學院中文系
編印日期：一九七六年九月
（案：本書爲手抄油印本）

説　明

　　大一國文是一年級同學的共同必修科，也是崇基學院通才教育的一部
分。對一般同學來説，這可能是最後修習中文的一年，因此本課程的主要任
務，是加強語文訓練，使同學讀能理解，寫能達意。選材方面，亦以切實能
適應當前的環境爲主。不過作爲一個大學生，要掌握語文運用，多少還要瞭
解這個語言的文化背景，並且能夠欣賞用這個語言寫作的文學作品，所以選
文也盡可能兼顧了多方面的需要。各單元的編排，主要爲了教學上的方便，
有以内容性質爲主，有以文體爲主，目的都在通過這些修習，增進閲讀和寫
作的能力。所以語文的學習，並不限於第一單元「語文學習」裏。「翻譯文學」
這個單元，也並不爲訓練翻譯，而是通過翻譯用的中文，去學習語言文字的
運用技巧，從而改進中文的表達能力。

目　錄

（八）英雄（劉劭）

（九）復王敬軒書（劉復）

（十）論氣節（朱自清）

（十一）論文人（錢鍾書）

第三單元：論說文（二）

（十二）導言：文心雕龍諸子篇（劉勰）

（十三）老子（節錄）

（十四）秋水（節錄）（莊子）

（十五）天論（節錄）（荀子）

（十六）五蠹（節錄）（韓非）

（十七）六祖壇經

第四單元：翻譯文學

（十八）導言：論翻譯（林語堂）

（十九）譯天演論例言（嚴復）

（二○）翻譯戒條（蔡思果）

（二一）維摩詰經（問疾品第五）（鳩摩羅什、玄奘）

（二二）聖經：馬太福音第五章山中寶訓、約翰福音第一章（天主教聖經譯本、基督教聖經譯本、吳經熊譯本）

（二三）哀希臘（譯者：蘇曼殊、馬君武、梁啓超、梁眞、卞之琳等）

（二四）王子復仇記（節錄 To be or not to be）（莎士比亞，譯者：梁實秋、朱生豪、卞之琳等）

（二五）天演論・進化論與倫理學（節錄）（赫胥黎，譯者：嚴復、進化論與倫理學翻譯組）

（二六）晉重耳出奔（左傳）（譯者：施瑛）

第五單元：應用文

（二七）導言：談應用文

第六單元：文學理論

（二八）導言：文學與人生（朱光潛）

（二九）情采（劉勰）

（三○）原道（節錄）（劉勰）

（三一）原道（節錄）（韓愈）

（三二）文藝與道德（節錄）（朱光潛）

（三三）文學的起源（劉大杰）

（三四）人生及美術之概觀（王國維）

第七單元：詩歌

（三五）導言詩大序

（三六）愛情詩

靜女（詩經）

上邪（漢樂府）

子夜歌（南朝樂府）

無題二首（李商隱）

鳳凰臺上憶吹簫（李清照）

夢後（何其芳）

贈內（戴望舒）

北京小曲鈔（無名氏輯）

（三七）社會詩

飲馬長城窟行（陳琳）

秦中行（白居易）

十四行詩之六（馮至）

（三八）愛國詩

發熱的只有槍筒子（臧克家）

我愛這土地（艾青）

聞官軍收河南河北（杜甫）

十一月四日風雨大作（陸游）

賀新郎（送陳真州子華）（劉克莊）

山坡羊（潼關懷古）（張可久）

賣花聲（懷古）（張養浩）

（三九）寫景詩

和郭主簿（陶潛）

過香積寺（王維）

有美堂暴雨（蘇軾）

西江月（夜行黃沙道上）（辛棄疾）

西山（陳夢家）

（四〇）敘事詩

琵琶行（白居易）

木蘭詩（北朝樂府）

陌上桑（漢樂府）

第八單元：小說

（四一）導言：我怎樣寫起小說來（魯迅）

（四二）促織（聊齋誌異）（蒲松齡）

（四三）范進中舉（儒林外史）（吳敬梓）

（四四）祝福（魯迅）

第九單元：史傳文

（四五）導言：文心雕龍史傳篇（劉勰）

（四六）鞌之戰（左傳）

（四七）萬石張叔列傳（節錄史記）（司馬遷）

（四八）遵王賴文光自傳（賴文光）

（四九）鄒容傳（節錄）（章炳麟）

（五〇）白石老人自述（從識字到上學）（齊白石）

第十單元：記敘文

（五一）導言：文章辨體序說（記）（吳納）

古文辭類纂雜記類序目（姚鼐）

（五二）江水注（節錄）（酈道元）

（五三）說居庸關（龔自珍）

（五四）凶、鬆、空（朱文長）

（五五）遊黃溪記（柳宗元）

（五六）病梅館記（龔自珍）

（五七）香山紅葉（楊朔）

第十一單元：科技文

（五八）導言：中國社會與科技概說（李約瑟）

（五九）幾種中國技術的西流（李約瑟）

（六〇）造紙：後漢書宦者列傳（節錄）（范曄）
　　　　　天工開物（節錄）（宋應星）

（六一）印刷：夢溪筆談（節錄）（沈括）

（六二）指南針：夢溪筆談（節錄）（沈括）

（六三）石油：夢溪筆談（節錄）（沈括）

（六四）火藥：武經總要（節錄）（曾公亮）

（六五）茶：廣東新語（屈大均）

（六六）秧馬、架槽：（農政全書）（徐光啓）

　　本書是綜合了一九七二年崇基學院中文系選本（見本章第二十節）及一九七三年香港中文大學選本（見本章第二十一節）所編成的，刪去了繁冗的篇章和名目，更見精當。

（廿七）

《大一國文教材》
編者：香港中文大學中國語言文學系
出版：香港中文大學中國語言文學系
出版日期：一九七七年

前　言

　　大一國文是一年級同學的共同必修科。對一般同學來說，這可能是最後一年的中文學習。作爲一個語文學科，最主要的任務，是使學生掌握這個語言工具，日後在種種情況需要之下，能夠運用自如。當今世變日亟，這個目標，恐怕不單是多讀幾篇文學史上的名作可以達到。因此純由教師講解課文、學生聽講的學習方法，也值得重新檢討。本課程仍按照一般習慣，選定若干篇章。選材之際，已考慮到盡可能切於實用，以適應當前環境。但前面說過，研讀若干選定的篇章，並不能保證語文訓練的成功，教師尤須體察學生的需要，處處加以協助導引，務求培養良好的閱讀和寫作習慣。寫作訓練，主要是就同學需要，多練習多討論，務求寫來明確、流暢、整潔。閱讀方面，宜與寫作配合，不妨多讀課程外學生能理解能欣賞的材料，有了良好的閱讀習慣，以後可以通過不斷的自學求進步，則這一年就不見得是最後一年的語文學習。此外，導修課上發言的層次條理，也可包括在語文訓練之內。要之語文訓練之道多方，本來不可能有絕對理想的教材，教材的編訂，只是初步工作，要收到理想效果，還得依賴教師的熱誠和努力。本課程暫分若干單元，完全爲教學上的方便，並不代表中國文學或學術上的體系，教師可以斟酌取捨或酌量增添。有幾個單元沒有列出教材，只附錄一些參考文章，正是要教者因時制宜，自己去選用適當的材料，其大意已見於那些單元下的說明，此處不贅。教材中有時仍不免稍偏重文學作品，因爲文學是語言運用的最高層次，作爲大學生，要掌握語文運用，實在還應該能欣賞用這種語言寫作的文學作品。閱讀的興趣和口味提高了，對日後閱讀習慣的培養，當有一定幫助。至於配合各別學科的閱讀資料，如有關科技、經濟、社會的文字，在第十二單元已有選錄。又課程以外的讀物，其重要本不次於課文，應該讓同學每月有一定分量的閱讀，其詳細書目由教師斟酌計劃。

目　錄

第一單元　語文學習

說明：

本單元目的在探討語文學習的態度和方法，解決學習上的疑難。附錄有關資料，只供參考之用，並非作爲課文講授。同時每組得視同學需要，提供各種資料，如現代漢語的特質、語法修辭、字體結構諸問題，以至標點符號的用法、字典辭書的翻檢等，務求在以後的學習中，能夠應用這些知識。

附錄：

第二單元　論説文（一）

第三單元　論説文（二）

第四單元　應用文

說明：

應用文是個人與個人、或者個人與機關團體間，在公私往來上必須應用的文字。它的特點在於同生活密切聯繫。一個人盡可以一生不讀文學作品，

不寫也不看報章雜誌，卻不能不運用應用文。不會寫字的人也不免要請人代寫一封書信，或者寫張便條、收據之類，這些都是屬於應用文範圍的。人們在擬寫各種應用文時，爲了節省時間，簡化人與人之間的聯繫手續，於是就有一些特定的形式，而且也創造了某些術語和語式。這些東西受習慣力量的約束極大，所以在五四以來的書面語言變遷的過程中，應用文在格式和語言上都表現了極大的保守性。換句話說，在白話文流行的今天，很多人寫應用文還不免沿用舊格式和文言。如給父親寫信，開頭就得寫「父親大人膝下敬稟者」，結尾就得寫「敬叩金安男某某敬稟」之類，本單元收錄的「書信用語」，可以向同學提供這方面的資料。

不過，由於應用文和社會生活聯繫密切，也最能反映社會的變遷，所以即使它在格式語言上有它穩定的一面，但爲了適應社會的需要，它本身也不能不隨著社會的變遷而發生變化。内地的應用文早就改革了；臺灣在今年初也頒佈《黨務文書改革方案》，廢除了一些僵死的詞匯，這些，都是值得我們參考的。

正如我們上面一再提過的：應用文和日常生活有密切的聯繫，所以在本單元中，我們不準備選錄範文，而希望教師根據日常生活的需要，提供若干實例，指導同學練習寫作應用文，以便獲取更大的教學效果。

附錄：書信的用語

第五單元　文學理論

（一）文選序（蕭統）

（二）詩品序（鍾嶸）

（三）蕙風詞話（節錄）（況周頤）

（四）文學研究中之科學精神（李長之）

（五）海闊天空的散文園地（秦牧）

第六單元　詩歌

（一）古體詩

靜女（詩經）

陌上桑（漢樂府）

讀山海經（陶潛）

夢遊天姥吟留別（李白）

（二）近體詩

　　　　　過香積寺（王維）
　　　　　聞官軍收河南河北（杜甫）
　　　　　有美堂暴雨（蘇軾）
　　　　　十一月四日風雨大作（陸游）
　　（三）詞曲
　　　　　鳳凰臺上憶吹簫（李清照）
　　　　　摸魚兒（辛棄疾）
　　　　　山坡羊（潼關懷古）（張養浩）
　　　　　賣花聲（懷古）（張可久）
　　（四）新詩
　　　　　死水（聞一多）
　　　　　贈内（戴望舒）
　　　　　夢後（何其芳）
　　　　　西山（陳夢家）

第七單元　小説
　　（一）錯斬崔寧（話本）
　　（二）促織（聊齋誌異）（蒲松齡）
　　（三）范進中舉（儒林外史）（吳敬梓）
　　（四）祝福（魯迅）
　　（附魯迅：我怎樣寫起小説來）

第九單元　記敘文
　　（一）水經江水注（節錄）（酈道元）
　　（二）洛陽伽藍記（景林寺、白馬寺）（楊衒之）
　　（三）病梅館記（龔自珍）
　　（四）烏篷船（周作人）
　　（五）香山紅葉（楊朔）

第十單元　報告文學
　　（一）報告文學論（曹聚仁）
　　（二）談報告文學（李廣田）
　　（三）包身工（夏衍）
　　（四）魯西流民圖（蕭乾）

（五）從嘉峪關說到山海關（范長江）

第十一單元　翻譯文

説明：

香港是中西文化交匯的中心。今天一般人所看到的中文，無論是書報上的文章或者公函文告，有不少是從英文翻譯過來的。事實上目前的語體文，也頗受翻譯文的影響。學生寫作的毛病，有時竟似翻譯文的毛病，所以學習現代語文，對於翻譯文體的特質和優點缺點，應該有個認識。本單元除了供參考的幾篇文章，也沒有列出教材，教師可自由選用適當材料，自文學作品乃至電訊公文，皆可作為討論資料。教學重點不在訓練翻譯，而是通過翻譯用的文字，分析中英文語言習慣之不同，進而探求中文的合理表達方法。所以這個單元的重點，其實在於語文運用和寫作訓練。

附錄：

　　　　（一）譯天演論例言（嚴復）

　　　　（二）論翻譯（林語堂）

　　　　（三）翻譯戒條（蔡思果）

第十二單元　中國科技及社會經濟論文選錄

甲：

　　　　（一）造紙：天工開物（節錄）（宋應星）

　　　　（二）印刷：夢溪筆談（節錄）（沈括）

　　　　（三）指南針：夢溪筆談（節錄）（沈括）

　　　　（四）石油：夢溪筆談（節錄）（沈括）

　　　　（五）秧馬、架槽：農政全書（徐光啓）

乙：

　　　　（一）論積貯疏（賈誼）

　　　　（二）鹽鐵論（節錄）（桓寬）

　　　　（三）中國社會變遷中的文化結癥（費孝通）

　　　　（四）略論宋代經濟的進步（全漢昇）

對本書之評論，見本書頁 14。

（廿八）

《大一國文教材》
編者：香港中文大學中國語言文學系
出版：香港中文大學中國語言文學系
出版日期：一九八〇年

前　言

　　大一國文爲香港中文大學一年級的基本課程，目的在訓練學生運用中國語文作爲學習、溝通與研究的工具。由於重點不在傳統國學式的專門訓練，故在教材編選和教學方法上，只著重語文訓練，以求切合本科目的。

　　本科課程包括四部分：第一部是講授範文；第二部是語文知識及練習；第三部是課外閱讀；第四部是學生作業。在教學上，四部相輔相成，爲一互相連接的整體，本書只屬第一部分。爲照顧學生語文程度及針對實際需要起見，在語文方面，不求各體兼備，而只將重點放在論辯、說理和記敘等類文章上；也不論其爲古代漢語（文言文）或現代漢語（語體文），只要有助於學生寫作訓練的，俱予選錄。

　　本教材的編纂，是我們嘗試改進大一國文教學的第一階段，疏漏在所難免，深盼教師及同學能隨時提供意見，以便日後再作修訂。

香港中文大學中國語言文學系

大一國文教學小組　一九八〇年八月

目　錄

六　論貴粟疏（晁錯）

七　賢良對策三（董仲舒）

八　兄弟（顏之推）

九　原毀（韓愈）

十　論語辨（柳宗元）

十一　通鑑論兩則（司馬光）

　　　（一）晉滅智伯

　　　（二）曹操爲周文王

十二　論文上（袁宏道）

十三　文章繁簡（顧炎武）

十四　論承用「維新」二字之荒謬（章炳麟）

第二單元

一　廉頗藺相如列傳（司馬遷）

二　黨錮列傳（節錄）（范曄）

三　江水（節錄）（酈道元）

四　資治通鑒・淝水之戰（司馬光）

五　活板（沈括）

六　志林六則（蘇軾）

　　　（一）記遊松風亭

　　　（二）儋耳夜書

　　　（三）措大吃飯

　　　（四）記與歐公語

　　　（五）論貧士

　　　（六）劉凝之、沈驎士

七　記述三則（袁宏道）

　　　（一）飛來峰

　　　（二）靈隱

　　　（三）煙霞石屋

八　核舟記（魏學洢）

乙　現代漢語

　　第一單元

一　論「費厄潑賴」應該緩行（魯迅）

二　文學是有階級性的嗎？（梁實秋）

三　釋文盲（錢鍾書）

四　談兒女（馮友蘭）

五　中國社會變遷中的文化結癥（費孝通）

六　鹽鐵論校注前言（王利器）

七　孟子政治思想的基本結構及人治與法治問題（徐復觀）

八　逍遙遊的開放心靈與價值重估（陳鼓應）

第二單元

一　知識分子的覺醒（蔣夢麟）

二　每周評論下（周作人）

三　創造十年續篇之四（節錄）（郭沫若）

四　「凶」、「鬆」、「空」（朱文長）

五　從嘉峪關說到山海關（長江）

六　「九一八」事變（曹聚仁）

七　懷李叔同先生（豐子愷）

八　懷念蕭珊（巴金）

九　水利工程（錢偉長）

十　茶花賦（楊朔）

對此書之評論見本書頁 15。

（廿九）

《大一國文教材補編》

編者：香港中文大學中國語言文學系大一國文教學小組

出版：香港中文大學中國語言文學系

出版日期：一九八〇年九月

目　錄

語文知識及練習

甲、語文知識

1. 現代漢語的特點

　　參考教材：中國語言的特性——王力《中國語文講話》

2. 詞類

　　參考教材：漢語的詞類——《暫擬漢語教學語法系統（二）》——

　　　　　　　詞類

3. 工具書的運用

　　參考教材：康熙字典

　　　　　　　中華字典

　　　　　　　辭源

　　　　　　　辭海

　　　　　　　漢語辭典

　　　　　　　辭通

　　　　　　　聯綿字典——劉葉秋《常用字書十講》

　　　　　　　新華字典——王力《古代漢語》

4. 漢字簡化

　　參考教材：漢字與漢語的關係——周祖謨《問學集》

　　　　　　　漢字簡化的方法（節錄）——周有光《漢字改革概論》

　　　　　　　漢字的簡化——（光明日報「文字改革」專欄）

乙、語文練習

1. 改錯別字練習

　　　　參考教材：教師自訂或本組編訂

　　2.　改病句練習

　　　　（A）一般文句毛病

　　　　　　參考教材：改病句練習——王自強《改病句練習》

　　　　（B）文白夾雜

　　　　　　參考教材：怎樣對待文言詞——張世祿《普通話詞匯》

　　　　（C）病態歐化

　　　　　　參考教材：中文語法——蔡思果《翻譯研究》

　　　　（D）粵語語法及語彙對書面語的干擾

　　　　　　參考教材：廣東方言的幾個特點——黃伯棠《方言與普通
　　　　　　　　　　　話集刊》

　　　　　　廣東方言的幾組語彙——陳慧英《方言與普通話集刊》

　　　　　　怎樣對待方言詞——張世祿《普通話詞匯》

　　　　（E）生造詞語

　　　　　　參考教材：教師自訂或本組編訂

　　3.　文言語譯

　　　　參考教材：強項令董宣——陽舒《兩漢書故事選譯》

　　　　活板——于在春《文言散文的普通話翻譯》

　　　　古今語法的演變——王力《中國語文講話》

　　　　因文法問題談到文言白話的分界（節錄）——張世祿《中國文法
　　　　革新論叢》

　　　本書為用於本科「語文運用」部分的教材。本書與《大一國文教材》的
範文分開，標誌著本科教學方針對於語文知識及練習的重視。本書由各種單
篇論文輯集而成。缺失之處在於部分文章所舉句例並非香港學生所常用。

（三十）

《大學文選》

編者：國語日報古今文選編輯室

出版：國語日報附設出版部

出版日期：一九八〇年五月

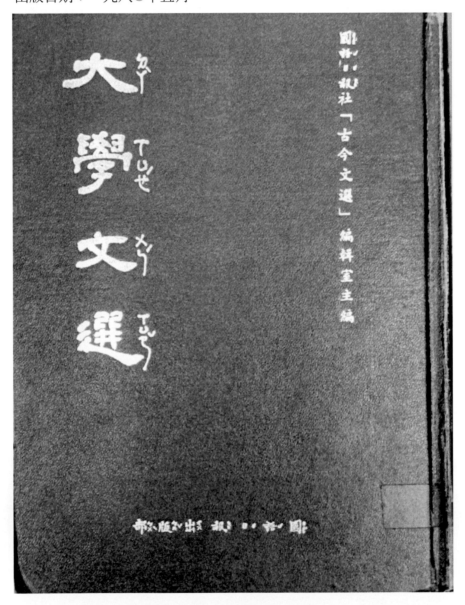

國語日報附設出版部 1980 年版

大學文選目錄

一、易繫辭古者庖犧氏章　周易

二、洪範　尚書

三、詩經選（七月、黍離、伐檀、蒹葭、溱洧）　詩經

四、學記　禮記

五、中庸哀公問政章　禮記

六、大學之道　禮記

七、秦晉殽之戰　左傳

八、鄭伯克段於鄢　左傳

　　附：論鄭伯克段於鄢

九、趙盾立靈公　左傳

十、石碏諫寵州吁　左傳

十一、申包胥乞秦師　左傳

十二、敬姜論勞逸　國語

十三、諸稽郢行成於吳　國語

十四、魯共公避席擇言　戰國策

　　　　附：略論戰國策的作者及其佚文

十五、莊辛諫楚襄王　戰國策

十六、顏斶說齊宣王　戰國策

十七、報燕惠王書　樂毅

十八、天論　荀子

十九、兼愛上　墨子

二十、非攻上　墨子

二一、逍遙遊　莊子

二二、秋水　莊子

二三、定法　韓非子

二四、牧民　管子

二五、哀郢、涉江　屈原

二六、漁父、卜居　屈原

二七、論貴粟疏　晁錯

二八、論積貯疏　賈誼

　　　　附：賈誼論

二九、鵩鳥賦並序　賈誼

　　　　附：談鵩鳥賦用韻

三十、答客難　東方朔

三一、上書諫吳王　枚乘

三二、報任少卿書　司馬遷

三三、伯夷列傳　司馬遷

三四、孟荀列傳　司馬遷

三五、商君列傳　司馬遷

　　　　附：商君書的內容與注解

三六、信陵君列傳　司馬遷

三七、淮陰侯列傳（節）　司馬遷

三八、漢書藝文志諸子序　班固

三九、李陵傳　班固

　　　　附：李陵別歌，與蘇武詩

四十、蘇武傳　班固

　　　　附：文選蘇武詩四首

四一、說文解字序　許慎

四二、歸田賦　張衡

　　　　附：四愁詩

四三、郭有道碑並序　蔡邕

四四、薦禰衡表　孔融

　　　　附：孔融與禰衡，徐文長的狂鼓史

四五、諸葛亮傳　陳壽

四六、弔魏武帝文序　陸機

四七、蘭亭集序　王羲之

四八、歸去來辭並序　陶潛

四九、五柳先生傳　陶潛

五十、范滂傳　范曄

一一六、李煜詞選　李煜

　　　　附：李煜的生平與作品

一一七、蘇軾詞選　蘇軾

　　　　附：蘇東坡簡譜，東坡詞評語

一一八、周邦彥詞選　周邦彥

一一九、姜夔詞選　姜夔

　　　　附：論姜白石的詞風

一二○、李清照詞選　李清照

一二一、辛棄疾詞選　辛棄疾

　　　　附：杜著辛棄疾評傳序

一二二、元人小令選　關漢卿等

　　　　附：曲律，散曲體段

一二三、秋思　馬致遠

一二四、長亭送別　王實甫

　　　　附：鶯鶯傳演變

一二五、驚夢　湯顯祖

一二六、彈詞　洪昇

一二七、哀江南　孔尚任

　　　　附：孔尚任與桃花扇，桃花扇哀江南曲的作者問題

　　本書是臺灣國語日報社將原來以活頁文選形式出版的《古今文選》選出百多篇彙集而成的。選材尚稱豐富，然而未選今人作品。又此書的特色是原文每字均有國語注音。

（卅一）

《大學語文》

編者：主編徐中玉，副主編侯鏡昶、徐鵬、葉百豐、董治安

出版：上海華東師範大學出版社

出版日期：一九八一年七月

華東師範大學出版社 1981 年版

編輯說明

　　自一九七八年秋，南京大學校長匡亞明倡議重新開設《大學語文》課並在南大首先實行以來，全國很多高校也已陸續開設此課。各兄弟院校迫切希望制定出教學大綱和協作編寫教材。一九八○年十月，在華東師範大學和南京大學的聯合倡議下，於上海召開了有二十所高校參加的大學語文教學討論會，會上對《大學語文》課的教學目的和要求進行了較深入的討論，並制定了教學大綱，擬定了教材篇目，成立了教材編審委員會。編審委員會由（按筆劃爲序）山東大學、大連工學院、上海師範學院、上海科技大學、中國科技大學、天津大學、遼寧大學、蘭州大學、長春光學精密機械學院、華東師範大學、同濟大學、吉林財貿學院、杭州大學、杭州師範學院、杭州商學院、復旦大學、南京大學、浙江大學、清華大學、福建師範大學等院校組成。爲了更好地推進大學語文的教學和研究工作，會上並決定成立「大學語文教學研究會」。

　　編審委員會推選徐中玉、葉百豐、翁德森（華東師大）、侯鏡昶、賈平年（南大）、徐鵬（復旦）、董治安（山大）、李憲昭（上海師院）、楊秀（吉林財院）、陳鍾英（福建師大）、宮玉海（長春光機學院）、張大芝（杭大）、王士毅（中國科大）、施春晨（同濟）、戴良球（上海科大）等十五位同志爲編委，具體負責教材編寫工作。

　　在第一次編委會議上，全體編委一致推舉華東師範大學校務委員會副主任、中文系主任徐中玉教授爲主編，侯鏡昶、徐鵬、葉百豐、董治安四位副教授爲副主編。會上對教材編寫進行了分工，並訂出具體措施，采取先分片後集中的辦法：先由上海各校的編委負責編寫先秦兩漢魏晉南北朝部分，南京、杭州、合肥、福州各校的編委負責編寫宋元明清近代部分，濟南、長春各校的編委負責編寫唐及現代部分，分片進行通稿後再集中定稿。

　　在大家的積極努力下，各片如期在一九八○年年底前完成初稿；編委分別在上海、合肥、濟南舉行通稿會議。一九八一年一月，全體編委集中杭州，舉行定稿會議。會上，大學語文教學研究會名譽會長匡亞明同志應大家的要求，就開設《大學語文》課的重要意義及語文教學工作者的光榮任務作了講話，受到與會同志的熱烈歡迎。現將這次講話的摘要作爲本教材代序。緊接定稿會議，二月在上海再次由正副主編審定全稿。華東師大中文系錢谷融教授審閱過現代部分教材，並提出不少寶貴意見。

　　由於各級領導的大力支持以及全體編委的共同努力，《大學語文》教材得以在短期內初步編成。由於爭取早日出版使用，編寫過於匆促，教材中必然存在缺點，希望大家在使用過程中，多提寶貴意見，以便再版時改正。另外，教材所選篇目不可能太多，如感需要，教師同志盡可加選適當篇章補充，務使本課程適合各科學生的共同需要。

　　以下對本書的編著體例略作說明：

一、作者簡介，重要作家五百字左右，一般作家三百字左右。

二、注釋力求簡明，一般先注全句，再注單詞，不作串講，也不寫段落
　　大意。

三、少數注釋不避重出，以免翻檢之勞。

四、注釋古今地名時，今地名一般不標市縣。

五、注釋有斟酌採用各家之說處，難於一一注明，統此致謝。

序　言

　　全國文法理工農醫師範財經等各類大學，近年來陸續開設《大學語文》課，惟苦於缺乏適當的教材。去年十月，全國二十所大學的代表雲集上海華東師範大學，共同商討《大學語文》課的教材建設問題。與會代表意氣風發，敢於創新，一致決議立即編寫教材，以解決各校燃眉之急，篳路藍縷，困難自多。然而在全國大學語文教學研究會及語文教材編委的積極努力下，窮數月之功，編寫工作已如期完成。這是解放後我國高等教育事業中的一件大事。藉此機會，謹向參加教材編寫的全體同志，致以熱烈的祝賀。祝賀你們在四化建設的征途中，爲發展我國高等教育事業作出了貢獻。

　　大學裏開設語文課，意義重大。馬克思曾經說過，掌握一種語言，就等於掌握一項武器。現在很多大學生，語文水平較低。試問，連祖國語文這一基本武器都不能掌握，如何能正確地理解科學知識和完善地表達科研成果？語文教師的光榮任務，首先就是要使大學生能普遍掌握這一打開科學領域大門的基本武器。

　　作爲人類靈魂的工程師，語文教師的任務不光在於傳授語文知識。中華民族文化的精華表現在語文材料中數量最多，最集中，通過語文教學，教師應進一步把我國的優秀文化傳統和民族精神傳授給學生。

　　學校教育有三大社會職能，它通過各學科的教師來實現，其中很大一部

分要通過語文教師來實現。因此，語文教師在學校裏肩負的重任，是首屈一指的。

學校教育的第一個社會職能是繼往開來，推陳出新。通過學校教育——當然也要通過其他方面——把科學、文學、哲學中的優秀遺產批判地繼承下來，推陳出新。人類的文化是有繼承性的。例如孔子，他是二千年以前的人物，由於歷史的限制，他的有些言論和思想當然現代是不適用了，但是，爲什麼打來打去，到現在還是打不倒呢？就是因爲他的言論和思想中，有的現在還有一定生命力，還有一定的借鑒作用。中華民族並不因爲有孔子這樣一個人而感到恥辱；相反，我們大家還是感到二千年前有孔子這樣一個祖先而引以爲榮。打開《論語》，卷首三句話就駁不倒，今天還有生命力。第一句話：「學而時習之，不亦說乎？」可謂字字皆碑。孔子一生，勤奮學習，孜孜不倦，臨終前還說：「假我數年以學《易》！」近代的革命先驅者，無不刻苦好學。李卜克內西在《回憶馬克思》一文中曾說，馬克思不僅自己刻苦好學，而且要求其他同志，要求恩格斯，要求李卜克內西等等努力學習。李卜克內西在倫敦住了十二年，幾乎天天和馬克思見面，他很瞭解馬克思。那是一八四八年革命失敗，德國和法國的許多革命者流亡英國，他們天天喊著要打回去，馬克思說不行，要好好學習。他天天跑大英博物館，博覽群書。列寧也是如此，他臨終前對共青團的指示是「學習，學習，再學習！」當然學習的內容可以不同。馬克思什麼書都要看，那時的書統統是封建主義、資本主義的東西，他在封建主義和資本主義文化遺產中批判地吸取菁華，爲人類爲無產階級服務。馬克思能整段地背誦莎士比亞的作品；恩格斯也如此，能用俄文整段背誦普希金的名著《歐根·奧涅金》。馬列主義的形成，是離不開資本主義和封建主義中的優秀成分的。第二句話：「有朋自遠方來，不亦樂乎？」孔子很關心國家大事，當時沒有報紙、電臺，各國諸侯的新聞大多是通過口耳傳播的。所以遠道來友人，孔子很高興，他可以從朋友口中聽到許多新情況，這在今天叫調查研究。第三句話：「人不知而不慍，不亦君子乎？」我國的民族傳統和西洋不同，講究涵養，談吐含蓄，喜怒不形於色。淺薄的人唯恐人家不瞭解，不賞識他。孔子認爲人家不瞭解你，不要抱怨；如果你有學問，遲早會有人賞識的。二千多年前的孔子，能提出這三句格言，不愧是一個偉大的教育家、思想家。繼往開來的任務，就是要繼承這些古代文化遺產中的優秀傳統。魯迅先生說過，中國人不能違背中國人作人的道德。列寧在

《國家與革命》中也講過，人類社會有一些共同遵守的準則。這裡所說的共同準則，不因階級、社會性質而異。道德雖有階級性，但也有不完全受階級的限制，而把人與人之間的關係擺在一個公共的基礎上，作為人類共同生活的準則（例如不准隨便罵人，愛祖國等）。因此道德也有繼承性。

我國古代是「政文合一」，因此歷史上一些政治家留下了不少宣揚優秀道德品質的名篇，如范仲淹的《岳陽樓記》等；同時許多運籌帷幄和血戰疆場的英雄人物，也寫下了無數激動人心的傑作，如諸葛亮的前後《出師表》、岳飛的《滿江紅》等。道德文章，歷代傳誦。他們的影響，已遠超文學的範疇，進一步滲透到我國人民生活的各個方面。

優秀的古典文學作品，藝術性也很高。從《詩經》、《楚辭》到唐詩，宋詞，詞藻繁富精麗，讀後不僅能提高文學素養，同時還是精神上的一種高級享受，能夠陶冶人們的性情。王勃寫《滕王閣序》時，才二十歲上下。請看文中描寫江南秋色：「雲銷雨霽，彩徹區明。落霞與孤鶩齊飛，秋水共長天一色。漁舟唱晚，響窮彭蠡之濱；雁陣驚寒，聲斷衡陽之浦。」讀後令人神往。辛棄疾原是一位文武兼備的愛國英雄，他所寫的《水龍吟》，以高超的藝術手法描繪了自己的愛國情思。上半闋句句以形象的比喻，刻畫了仇恨敵人和恢復故土的心情，極具感染力。這些作品中的藝術菁華，也要繼承發揚。

學校教育的第二個社會職能是培養人才。它是以繼往開來推陳出新為前提的。關於這一點，大家在思想上都很明確，不需要在這裡作詳細闡述。

學校教育的第三個社會職能，是移風易俗，樹立正氣，提高精神文明。我國要實現四個現代化，不但要提高物質生活，還要提高精神文明。精神文明當然包括科學技術在內，但很重要的一個方面是語文教學。我們要通過它來陶冶、塑造新型的為四化建設服務的人才，使他們具有高度的精神文明和為共產主義奮鬥的偉大理想。我們正處在一個新的「春秋時代」。全世界有一百幾十個國家，各國在自然科學、人文科學方面，都在互相影響，百家爭鳴。中華民族有十億人民，五千年的悠久歷史，我們要以祖國優秀的文化去影響別人，其中包括道德、理想和艱苦奮鬥的精神。中華民族艱苦奮鬥的精神是聞名世界的。《詩經》裏就有反映我國古代人民辛勤勞動的詩篇。古代作品中提出「先天下之憂而憂，後天下之樂而樂」、「先人後己」、「己所不欲，勿施於人」等名言，現在用之於人民內部，還是適合的。石達開詩「揚鞭慷慨蒞中原，不為仇讎不為恩；直覺蒼天方憒憒，莫憑赤手拯元元……」思想境界

是高的。這詩即使不是出於石達開親筆，也是可以反映石達開其人的氣概的，讀了還是可以令人振奮的。

實現學校教育的三大社會職能，語文教師肩負重任。爲了完成這一歷史使命，教師應如何來嚴格要求自己呢？

第一，語文教師是靈魂的工程師。靈魂是什麼？毛主席說靈魂就是政治。因此語文教師的靈魂深處要有社會主義的政治覺悟。古代作品中沒有社會主義，但社會主義是有歷史淵源的。大同世界的理想，空想社會主義，然後才有科學的社會主義。什麼是作爲共產主義第一階段的社會主義？有的同志概括成八個字：沒有剝削，按勞取酬。三中全會以後，撥亂反正，總結三十年的歷史經驗，根據我國政治經濟情況，提出堅持社會主義道路，堅持無產階級專政，即人民民主專政，堅持黨的領導，堅持馬克思列寧主義和毛澤東思想。這些原則，教師要明確，同時應通過語文感染和教導學生。

第二，語文教師要結合業務學一點馬列主義。斯大林說過，不管你從事哪一行，都有一個共同的需要，這就是馬克思主義。教師要用馬克思主義的世界觀、認識論、方法論，研究語文材料和教學方法，在課堂上講得生動活潑，娓娓動聽。好的作品要背誦，做到書聲琅琅，以加強學生的記憶。這樣，就能提高語文課在學生中的威信，使大家喜歡這一課程，從而通過它吸取中華民族古代哲學、文學、科學方面的優秀遺產。

第三，語文教師要認真鑽研業務，學深學透。我認爲做一輩子語文教師，歷史是會承認它的價值的。教師要不斷學習，調查研究，行萬里路，讀萬卷書，增加感性認識，以親身的感受去影響學生。語文教師要兼有語言文字、散文、詩歌之長，不僅能提高學生的欣賞能力，而且能提高學生的表達能力，當然更重要的是培養學生高尚的意志、理想和情操。

大學語文教材即將付印出版，大家要我講幾句話。作爲一個語文愛好者，我只能談談自己的一點不成熟的感想，謹就教於到會的專家同志們和未來使用教材的廣大師生同志們、讀者們！

匡亞明

（這是匡亞明同志在全國大學語文教學研究會擴大理事會及大學語文教材定稿會上的講話摘要）

目　錄

劉義慶　《世說新語》四則
　　　　過江諸人
　　　　陶侃
　　　　郗超
　　　　石崇邀客燕集
酈道元　江水
王　勃　滕王閣序
崔　顥　黃鶴樓
王　維　山居秋暝
李　白　蜀道難
　　　　登金陵鳳凰臺
杜　甫　羌村三首
　　　　蜀相
　　　　登岳陽樓
岑　參　白雪歌送武判官歸京
韓　愈　進學解
　　　　諱辯
柳宗元　種樹郭橐駝傳
　　　　始得西山宴遊記
白居易　長恨歌
李　賀　雁門太守行
李商隱　無題（昨夜星辰昨夜風）
　　　　錦瑟
李　煜　虞美人（春花秋月何時了）
　　　　浪淘沙（簾外雨潺潺）
柳　永　雨霖鈴（寒蟬淒切）
歐陽修　醉翁亭記
　　　　秋聲賦
王安石　傷仲永
　　　　讀《孟嘗君傳》

　　　　　明妃曲

沈　括　《夢溪筆談》四則

　　　　　陽燧

　　　　　紅光驗屍

　　　　　石油

　　　　　船塢

蘇　軾　日喻

　　　　　前赤壁賦

　　　　　江城子（老夫聊發）

　　　　　水調歌頭（明月幾時有）

　　　　　遊金山寺

李清照　聲聲慢（尋尋覓覓）

陸　游　關山月

　　　　　訴衷情（當年萬里覓封侯）

　　　　　沈園

辛棄疾　水龍吟（楚天千里清秋）

　　　　　南鄉子（何處望神州）

文天祥　正氣歌

馬致遠　天淨沙·秋思

張養浩　山坡羊·潼關懷古

睢景臣　〔般涉調·哨遍〕高祖還鄉

王實甫　長亭送別（《西廂記》）

歸有光　項脊軒志

湯顯祖　遊園（《牡丹亭》）

徐光啓　刻《幾何原本》序

蒲松齡　席方平（《聊齋誌異》）

姚　鼐　登泰山記

龔自珍　詠史

秋　瑾　黃海舟中日人索句並見日俄戰爭地圖

梁啓超　論毅力

　林覺民　　與妻書
　魯　迅　　秋夜
　　　　　　范愛農
　　　　　　中國人失掉自信力了嗎？
　郭沫若　　爐中煤
　茅　盾　　香市
　巴　金　　鳥的天堂
　葉聖陶　　五月卅一日急雨中
　冰　心　　往事（二之三）
　朱自清　　荷塘月色
　聞一多　　一句話

　　這是中國大陸在「文化大革命」之後出版的第一本大學國文教科書，也是「批孔運動」之後第一本選讀《論語》的教科書。較之一九四九年之後中國大陸所用的國文教科書，本書選材以文學作品爲主，政治意味極淡。在文白比例方面，以古典文學作品爲主，而現代作者的選文中，也沒有政治領袖的作品。

（卅二）

《高等教育自學輔導叢書・語文》（現代文學）

編者：易新鼎

出版：化學工業出版社（北京）

出版日期：一九八二年二月

化學工業出版社 1982 年版

出版説明

　　建國以來，在黨的領導下，我國業餘教育事業取得了很大成績。爲了進一步促進業餘教育事業的發展，加速培養和選拔四化建設所需要的合格人才，教育部作出了關於建立高等教育自學考試制度的決定。凡屬中華人民共和國公民經考核達到高等學校畢業生同等水平的，均承認其學歷。爲了配合這一工作的開展，爲自學人員提供學習輔導材料，我社著手出版一套《高等教育自學輔導叢書》。這套叢書包括《語文》、《哲學》、《政治經濟學》、《高等數學》、《物理》、《化學》、《生物》等七册。

　　本《叢書》是根據北京市高等教育自學考試委員會公佈的考試科目、教科書和考試要求以及教育部推薦的教學大綱編寫的。書中力求從自學特點出發，對指定教材的内容作進一步闡述；重點突出；文字通俗；便於自學。

　　《叢書》除供自學人員學習外，也可供工科大學、電視大學、業餘大學選用。

化學工業出版社
一九八一年九月

前　言

　　本書是根據北京市高等教育自學考試委員會所規定的語文學習中現代文學篇目和考試要求而編寫的。

　　書中選用了原文 26 篇，特別選用了一部分理論文章，目的是使讀者在思想、思想方法、語言、文風諸方面都得到鍛鍊，訓練自己的科學的嚴謹的邏輯思維能力，提高思想認識水平，並有助於學習寫作理論文章。其他現代作家的文學作品，照顧了代表性作品和不同的風格。依據上述意圖，我們把一部分理論文章，集中放在本書前部分，以便同志們在自學中對比分析，互相參閱，獲得啓發和教益。其他文學作品，則大抵上遵照北京市高等教育自學考試委員會所列篇目順序排列下來。又據北京市高等教育自學考試委員會規定，篇目上凡有△符號者，報考理工科的考生可選學或不學。

　　北京市高等教育自學考試委員會規定中明確提出：考生對於這裡所選的文章和作品，「要求能準確地掌握其思想内容，瞭解其結構、語言等特點」。根據這個要求，我們對這些文章和作品，都從内容和形式上作了若干分析，有些篇章還作了簡要的注釋，並聯繫作品具體内容對作者的生平經歷、創作風格作了簡要的介紹，供同志們自學時參考。

　　魯迅說過，「看人生是因作者而不同，看作品又因讀者而不同」（《俄文譯本〈阿 Q 正傳〉序》），這是一個很精當的經驗之談。在這裡，我們對選入的作品的分析，大體上也就反映了編者的體會和看法，這是不待言而自明的事情。其中如《阿 Q 正傳》、《甲申三百年祭》等，都是在中國新民主主義革命史上發生過重大影響的作品和文章，它們本身提出了極重大的問題，目前對這些問題又產生了一些分歧看法。我們分析所取的態度，就是依照作家自己的意圖，扣緊作品進行分析，以期切合實際來理解作品的內容。我們認為，這樣做似乎可以避免架空立論的毛病，有利於同志們深入理解作品。對於這裡所選的作品，我們都是取這種態度來分析的。正因為如此，我們的分析和看法，就很可能與一些專門的研究家看法有出入。在黨的「雙百」方針的指引下，人們都會理解這種現象是正常的現象，正如魯迅所說，因為看文學作品從來是「因讀者而不同」的。因此，這些分析文章，能夠給同志們在自學過程中提供參考、啟發和幫助，它就起到了應起的作用了。

　　由於時間倉促，編者水平和能力都很有限，其中疏漏差錯之處一定很多，懇請同志們批評指正。還應該提到的是，《關於文風問題答「新觀察」記者問》和《現代科學技術》兩篇文章的分析，是編者約請李頤揚、楊長進兩位同志撰寫的，在此深致謝意。

編者

一九八一年六月

目　錄

魯迅

    阿 Q 正傳

    傷逝

    離婚

    △秋夜

    △春末閒談

    △燈下漫筆

    對於左翼作家聯盟的意見

郭沫若

    鳳凰涅槃

    爐中煤

茅盾

    春蠶

    香市

朱自清

    背影

聞一多

    最後一次的講演

冰心

    寄小讀者（通訊十）

葉聖陶

    潘先生在難中

    △五月卅一日急雨中

郁達夫

    薄奠

    △遲桂花

巴金

    愛爾克的燈光

老舍

    月牙兒

趙樹理

    小二黑結婚

　　有別於一般大學語文教科書在選材上具有百花齊放的彈性，本書則是根據北京市高等教育自學考試委員會所定的考試篇目而寫的。每篇原文之後，有「注釋」和「講解」。由於本書乃供自學之用，所以「講解」部分甚爲詳細，以代替課堂講授。本書選材，大抵是政治性與文學性並重的。

（卅三）

《高等教育自學輔導叢書・語文》（古典文學）

編者：李景華、王振棠、劉瑞玲

出版：化學工業出版社（北京）

出版日期：一九八二年四月

化學工業出版社 1982 年版

出版說明

　　建國以來，在黨的領導下，我國業餘教育事業取得了很大成績。爲了進一步促進業餘教育事業的發展，加速培養和選拔四化建設所需要的合格人才，教育部作出了關於建立高等教育自學考試制度的決定。凡屬中華人民共和國公民經考核達到高等學校畢業生同等水平的，均承認其學歷。爲了配合這一工作的開展，爲自學人員提供學習輔導材料，我社著手出版一套《高等教育自學輔導叢書》。這套叢書包括《語文》、《哲學》、《政治經濟學》、《高等數學》、《物理》、《化學》、《生物》等七冊。

　　本《叢書》是根據北京市高等教育自學考試委員會公佈的考試科目、教科書和考試要求以及教育部推薦的教學大綱編寫的。書中力求從自學特點出發，對指定教材的内容作進一步闡述；重點突出；文字通俗；便於自學。

　　《叢書》除供自學人員學習外，也可供工科大學、電視大學、業餘大學選用。

化學工業出版社

一九八一年九月

前　言

　　本書是根據北京市高等教育自學考試委員會所規定的「語文」中古典文學部分的學習篇目和考試要求編寫的。目的是希望自學者借助本書能夠掌握所選的各篇古代文學作品的思想内容，瞭解其結構、語言等特點，從而指導閱讀和寫作。

　　（一）本書共選用了古代文學 35 篇，所選文章按時代先後排列，以每篇文章（包括詩、詞、曲）爲單元加以介紹分析，每篇文章包括正文，注釋、解析、譯文四個部分。

　　（二）正文據總集或各家專集之版本較好或較通行者移錄，並分段、標點。有重要異文在注釋裏注出備考。注釋力求簡明扼要。必要時注明典故和詞語的出處。

　　解析爲本書的核心部分，一般包括解題、出處、文體知識、時代背景、作者生平和思想、概括主題思想、分段介紹思想内容、分條介紹藝術或寫作特點、歷史貢獻以及後世影響等幾部分内容。

　　譯文採用直譯方法，盡量使詞序、句式不變，以便於譯文與原文揣摩對

照。實在難以直譯或直譯之後文意反不顯豁者，則酌情概述大意。我們知道，古譯今猶如外譯漢，是件十分吃力而難以令人滿意的工作。我們的譯文，僅供參考，只能視爲一種理解，而不能認爲只有此一種理解。我們對古文的理解和用現代漢語的表達，都會有欠妥甚至錯誤的地方，殷切期望熱心的讀者不吝指正。

（三）注釋，解析，譯文互爲補充，盡量避免重複或牴牾之處。

（四）本書和常見的就文論文的教材分析略有不同。我們想在普及的基礎上有所提高，因此在介紹分析文章的思想內容和寫作手法的同時，適當以藝術欣賞的眼光評論作品；在作者、時代、作品編年等方面稍作考證，並適當引用作者本人的其他作品和其他古代作家的作品同正文相互印證。

（五）本書爲一部普及性的自學輔導用書，它應當有較爲嚴格的科學性和相對的穩定性。因之，本書立論力求穩妥，採取學術界公認的看法；間或有一得之愚，也沒必要詳加論列。全書都是正面說明，對不同意見，不加評論。

本書，大部分是由我們個人的授課講稿整理出來的。其間曾參考了我們教研室編注的《古代散文選注》和其他一些我們能夠讀到的資料。其中凡引用古代學者的言論，均注明出處，以備核對。對當代學者的意見，除用引號徵引者外，一般不注明出處。

我們的水平不高，經驗不足，又加時間倉促，未能反覆推敲，不足和錯誤之處，在所難免，敬希廣大教師和讀者同志多加批評指正。

編者　一九八一年八月

附注：文章題目之前有△者，報考理工科的考生可選學或不學。

目　錄

戰國策
　　　燕昭王求士
論語
　　　子路曾皙冉有公西華侍坐
孟子
　　　齊桓晉文之事
莊子
　　　逍遙遊
屈原
　　　哀郢
司馬遷
　　　魏公子列傳
　　　△李將軍列傳
樂府
　　　陌上桑
　　　東門行（晉樂所奏）
曹操
　　　步出夏門行（觀滄海、龜雖壽）
　　　讓縣自明本志令
曹丕
　　　△典論論文
陶淵明
　　　歸去來兮辭並序
李白
　　　蜀道難
　　　丁都護歌
杜甫
　　　自京赴奉先縣詠懷五百字
　　　蜀相
韓愈
　　　答李翊書

　　　　△進學解
柳宗元
　　　　答韋中立論師道書
歐陽修
　　　　五代史伶官傳序
蘇軾
　　　　水調歌頭（明月幾時有）
　　　　文與可畫篔簹谷偃竹記
　　　　卜算子（缺月掛疏桐）
辛棄疾
　　　　水龍吟（楚天千里清秋）
　　　　永遇樂（千古江山）
馬致遠
　　　　△天淨沙（秋思）
睢景臣
　　　　△般涉調‧哨遍（高祖還鄉）
徐光啓
　　　　刻《幾何原本》序
顧炎武
　　　　與友人論學書
章學誠
　　　　古文十弊

本書是前書（見上節）的姊妹作，同為供作自學之用，在「注釋」及「解析」之外，更附有譯文。本書的選材以歷代文學作品為主，亦不強調政治性。

（卅四）

《大學語文（補充教材）》

編者：徐中玉、錢谷融

出版：上海華東師範大學出版社

出版日期：一九八二年五月

華東師範大學出版社 1982 年版

編者的話

《大學語文》教材自 1981 年出版以來，受到全國廣大師生和自學青年的歡迎，已被 298 所高等院校和 47 所其他各類學校採用，上海市自學考試委員會也將此書列爲自學考試教材。

根據一學期的教學實踐，不少同志提出：教材現代文學部分比較薄弱，而且缺少外國文學部分，希望有所補充。因此，我們又修訂編寫了這本《大學語文補充教材》，供教師同志們選用。明年原書再版時，當將補充教材併入，使之成爲一本比較完善的《大學語文》教材。

補充後的現代文學部分共選作家 12 人，詩文 15 篇，新增加作家 4 人，詩文 8 篇。外國文學部分共選作家 10 人，詩文 10 篇。

《補充教材》由徐中玉、錢谷融主編，除原有部分外，湯逸宗、王智量、陳挺三同志具體擔任編寫，潘旭瀾同志也參加過意見。

目　錄

歐‧亨利　麥琪的禮物

德永直　馬

　　本書是在《大學語文》（見本章第卅一節）出版之後，因覺有所不足而加以補充。補充的內容是新詩和外國文學作品，新詩選及曾經備受批判的徐志摩，外國文學也不限於社會主義國家的作者，都可以看到編者的客觀。

（卅五）

《中國語文論文選》

編者：香港中文大學中國語言文學系大一國文教學小組　張雙慶、蔣英
　　　豪主編

出版：華風書局

出版日期：一九八二年九月

華風書局 1982 年版

目 錄

（1）通論
　　　一、漢語的特點
　　　二、字書簡介
（2）漢字
　　　一、漢字知識
　　　二、談形音義
　　　三、簡化字資料
　　　　　1. 漢字的簡化
　　　　　2. 漢字簡化的現狀
（3）語音
　　　一、漢語拼音方案與注音符號
　　　二、廣東音系
（4）語法
　　　一、語法的單位——詞、詞組、句子
　　　二、從作文和說話的關係談到學習語法
　　　三、歐化問題
　　　四、廣州方言語法的幾個特點
（5）詞匯
　　　一、粵語語彙與普通話語彙
　　　二、現代語裏的古語詞
　　　三、怎樣辨析同義詞
　　　四、生造新詞和亂拆合成詞
（6）病句
　　　一、常見的語法錯誤
　　　二、病句的檢查和評改
（7）文章的一般法則
（8）標點符號的用法

有關此書的評論，見本書頁 15 和 16。

（卅六）

《國立臺灣大學國文講義》

編者：臺灣大學中國文學系

出版：臺灣大學中國文學系

出版日期：一九八二年九月

臺灣大學中國文學系 1982 年版

目　錄

九、諸稽郢行成於吳（國語）

一〇、虞卿諫割地求和（戰國策）

一一、莊辛說楚襄王（戰國策）

一二、老子九章（老子）

一三、兼愛上（墨子）

一四、非攻上（墨子）

一五、逍遙遊（莊子）

一六、養生主（莊子）

一七、秋水（莊子）

一八、天論（荀子）

一九、顯學（韓非子）

二〇、學記（禮記）

二一、報任安書（司馬遷）

二二、尚德緩刑書（路溫舒）

二三、報孫會宗書（楊惲）

二四、李陵傳（班固）

二五、登樓賦（王粲）

二六、歸田賦（張衡）

二七、與山巨源絕交書（嵇康）

二八、蘭亭集序（王羲之）

二九、歸去來辭（陶淵明）

三〇、世說新語二則（東床坦腹　陶侃賢母）（劉義慶）

三一、別賦（江淹）

三二、詩品序（鍾嶸）

三三、洛陽伽藍記二則（景林寺　法雲寺）（楊衒之）

三四、哀江南賦序（庾信）

三五、秋日登洪府滕王閣餞別序（王勃）

三六、柳子厚墓誌銘（韓愈）

三七、送董邵南遊河北序（韓愈）

三八、與元九書（白居易）

三九、遊黃溪記（柳宗元）

四〇、南柯太守傳（李公佐）

四一、李娃傳（白行簡）

四二、阿房宮賦（杜牧）

四三、虯髯客傳（杜光庭）

四四、醉翁亭記（歐陽修）

四五、西銘（張載）

四六、傷仲永（王安石）

四七、論養士（蘇軾）

四八、賈誼論（蘇軾）

四九、書蒲永升畫後（蘇軾）

五〇、大學章句序（朱熹）

五一、傳習錄一則（王守仁）

五二、滄浪亭記（歸有光）

五三、晚遊六橋待月記（袁宏道）

五四、原君（黃宗羲）

五五、馬伶傳（侯方域）

五六、答沈大宗伯論詩書（袁枚）

五七、人間詞話九則（卷上 1～9 則）（王國維）

詩詞曲選

一、詩經選

關雎

柏舟

氓

黍離

溱洧

蒹葭

七月

采薇

二、楚辭選

　　　　湘夫人

　　　　少司命

　　　　哀郢

三、古詩十九首選

　　　　青青陵上柏

　　　　今日良宴會

　　　　西北有高樓

　　　　涉江採芙蓉

　　　　回車駕言邁

四、曹氏父子詩選

　　　曹操：短歌行

　　　　　　苦寒行

　　　曹丕：燕歌行

　　　曹植：名都篇

　　　　　　七哀詩

　　　　　　雜詩

五、阮籍詠懷詩選

　　　　夜中不能寐

　　　　佳樹下成蹊

六、左思詠史詩選

　　　　皓天舒白日

　　　　鬱鬱澗底松

七、陶淵明詩選

　　　　形影神並序

　　　　飲酒之一

　　　　讀山海經之二

八、謝靈運詩選

　　　　石壁精舍還湖中作

九、樂府詩選

　　　　婦病行

東門行

子夜歌

那呵灘

一○、王維詩選

終南別業

竹里館

辛夷塢

一一、李白詩選

古風五十九首之一

將進酒

宣州謝朓樓餞別校書叔雲

獨坐敬亭山

聞王昌齡左遷龍標遙有此寄

一二、杜甫詩選

哀江頭

旅夜書懷

曲江二首

客至

秋興八首

登高

一三、白居易詩選

長恨歌

一四、李商隱詩選

錦瑟

無題

嫦娥

一五、蘇軾詩選

遊金山寺

和子由澠池懷舊

澄邁驛通潮閣

　　　　題西林壁

一六、黃庭堅詩選

　　　　題落星寺

　　　　寄黃幾復

　　　　和答錢穆父詠猩猩毛筆

一七、陸游詩選

　　　　長歌行

　　　　夜泊水村

　　　　書憤

一八、溫庭筠詞選

　　　　菩薩蠻

　　　　更漏子

一九、李煜詞選

　　　　清平樂

　　　　相見歡

　　　　浪淘沙

二〇、柳永詞選

　　　　雨霖鈴

　　　　八聲甘州

二一、蘇軾詞選

　　　　江城子

　　　　水龍吟

　　　　八聲甘州

　　　　定風波

二二、周邦彥詞選

　　　　西河

　　　　玉樓春

二三、李清照詞選

　　　　聲聲慢

　　　　一翦梅

　　本書乃就一九七五年所用的課本（見本章第廿四節）重新改編。比對前書，主要在刪去近人文集，增加前書所無之辭賦，並大量增加詩詞曲等作品。原來的「史記選」仍然保留而略有增加，如以中國文學源流而論，本書較前書完整，而刪去近人文選，則又失去前書的特色。如能另選適合當代學生閱讀的當代作家文選則信可兩全其美。

（卅七）

《大學語文》（修訂本・古典文學部分）

編者：主編徐中玉，副主編侯鏡昶、徐鵬、葉百豐、董治安

出版：上海華東師範大學出版社

出版日期：一九八三年六月

華東師範大學出版社 1983 年版

再版前言

本書在 1981 年 7 月初版以來，由於黨和政府大力撥亂反正，重視知識的作用，強調人人都應努力學好語文，同時爲了加速培養合格的四化建設人才，又千方百計開展多種形式辦理高等教育，廣大青年，無論在學、在職或暫時待業的，學習語文，開始積極成風，所以在短短兩年內，據不完全的統計，本書已被全國文、法、理、工、醫、農等三百餘所大專院校採用，發行達三十四萬冊。上海等省市，將本書列爲高等教育自學考試公共課《大學語文》的教材，使我們得以在廣大師生中間，聽取到很多非常寶貴的意見，便於作進一步的修訂。

初版僅收古代文學和少量現、當代文學作品。爲了滿足讀者接觸一些外國文學名著的需要，1982 年 5 月，我們又出版了一種「補充教材」，中間增收現、當代文學代表作品八篇，外國文學代表作品十篇，發行十萬冊，也早已銷行一空。事實證明，廣大讀者是歡迎把古今中外的著名作品，按適當比例，匯選在一起，提供學習、欣賞的。古代文學作品歷史悠久，遺產豐富，閱讀難度較大，教材中占較多的比重，是應該的。現、當代和外國文學作品，比較易懂，也容易得到，分量上可以少些，但教材中應該有所包括。一方面因爲我們今天建設社會主義精神文明，既要立足本國特別是現、當代的實際，同時也需要放眼世界，瞭解和借鑒外國的有益成果，以開拓我們的視野，使我們能高瞻遠矚；另方面也因爲學習、欣賞這些在文字上雖較易懂的作品，由於歷史背景的差異和國情的不同，同樣需要一定的指導。教材中所選作品雖然極少，但提供一定的參考資料，並由教師給予幫助，舉一反三，相信對讀者會有益的。當然，由於時間限制，教師不可能亦無必要把教材包括的全部內容都一一講到，盡可能根據具體情況從中選授一部分，而其餘則讓自學。我們以爲在一年時間內，對中文系以外的各種專業的大學生，連同課堂講授和自學，讀完這本書，完全有可能，也有必要。

由於考慮到使用本書爲教材的很多是自學同學，同時我們認爲即便是全日制的在校同學，在學習中畢竟主要也得依靠自學，所以本書在再版中，特地增加了較多便於自學的材料。這原也是各地很多讀者向我們提出的願望。本書是按時代順序來排列本國歷代文學作品的，特分別在每一段後面力求簡要地介紹這一段文學的特點、主要的作家作品和對後來文學發展的影響。對外國文學也綜合做了簡單的介紹。意在幫助讀者對我國文學的發展和外國文

學得到一點最起碼的知識。每篇作品之後附有幾個題目，意在引起讀者的思考，作些練習；這種題目很難出得恰當，更難照顧全面，僅供參考。另外六種附錄，只能說是極簡略地介紹一些常識，提供一些線索，稍微減少讀者一些翻檢之勞。比較複雜的問題，自然還得另找專書求得深入完整的解答。如何在教材中更好體現便於自學的特點，過去一般都注意、研究的不夠，其實是非常重要的問題。我們願意繼續在這一點上進行探索，切望廣大師生大力協助，把你們的意見和建議隨時告訴我們，以便進一步有所改進。

本書初版以來，接到各地廣大師生寄來不少修訂的建議，使我們深受教益，也感到鼓舞。在修訂補充過程中，我們還特約並收到了國內十九位專家學者分別就有關部分提供的很多具體意見，他們對青年同志的熱情關懷和對本書的大力支持令我們深深感動。這些專家學者是：

復旦大學的朱東潤、蔣天樞、王運熙三教授，顧易生副教授；

中山大學的王季思教授；

南京大學的程千帆教授；

北京大學的季鎮淮教授，陳貽焮教授；

北京師範大學的郭豫衡教授；

蘇州大學的錢仲聯教授；

南京師範學院的吳調公、金啓華二教授；

人民文學出版社的顧學頡教授；

上海師範學院的馬茂元教授；

中國人民大學的吳文治副教授；

曲阜師範學院的劉乃昌教授；

華東師範大學的許傑、施蟄存、余振三教授。

在此，我們謹向他們致深切的謝意。

在現、當代文學及外國文學部分編寫修訂過程中，王智量、湯逸中、陳挺等同志都出過很多力。

本書是在初版的基礎上進行修訂補充的，因此，凡在初版編輯過程中作了貢獻的同志，在本書這一版中自然仍留有他們的業績。沒有各方面同志的協作，什麼事也做不成，做不好。本書如能對廣大讀者起點有益的作用，應歸功於所有參加過這一工作的同志們。

　　爲適應部分高等學校暫時只講授我國古代文學部分的需要，這個新版本分出兩種本子，一種包括古今中外的文學作品，另一種只有我國古代文學作品，附錄部分則兩種基本都有，聽憑選用。

　　本書肯定仍會有錯誤、不當之處，敬請讀者同志們指正。

徐中玉
1983 年 5 月 1 日

目　錄

曹　操　短歌行

王　粲　登樓賦

李　密　陳情表

王羲之　蘭亭集序

陶淵明　歸田園居

　　　　詠荊軻

劉義慶　《世說新語》四則

　　　　過江諸人

　　　　陶侃

　　　　郗超

　　　　石崇要客燕集

酈道元　河水

兩漢魏晉南北朝文學概述

魏　徵　諫太宗十思疏

王　勃　滕王閣序

崔　顥　黃鶴樓

王　維　山居秋暝

李　白　蜀道難

　　　　登金陵鳳凰臺

杜　甫　羌村三首

　　　　蜀相

　　　　登岳陽樓

岑　參　白雪歌送武判官歸京

韓　愈　進學解

　　　　送李愿歸盤谷序

柳宗元　種樹郭橐駝傳

　　　　始得西山宴遊記

白居易　長恨歌

李　賀　雁門太守行

李商隱　無題（昨夜星辰昨夜風）

　　　　　　錦瑟
　　李　煜　虞美人（春花秋月何時了）
　　　　　　浪淘沙（簾外雨潺潺）

唐代文學概述

　　柳　永　雨霖鈴（寒蟬淒切）
　　歐陽修　醉翁亭記
　　　　　　秋聲賦
　　曾　鞏　墨池記
　　王安石　讀《孟嘗君傳》
　　　　　　明妃曲
　　　　　　答司馬諫議書
　　沈　括　《夢溪筆談》三則
　　　　　　陽燧
　　　　　　紅光驗屍
　　　　　　船塢
　　蘇　軾　教戰守策
　　　　　　前赤壁賦
　　　　　　江城子（老夫聊發）
　　　　　　水調歌頭（明月幾時有）
　　　　　　遊金山寺
　　蘇　轍　上樞密韓太尉書
　　李清照　聲聲慢（尋尋覓覓）
　　陸　游　關山月
　　　　　　訴衷情（當年萬里覓封侯）
　　　　　　沈園
　　辛棄疾　水龍吟（楚天千里清秋）
　　　　　　南鄉子（何處望神州）
　　文天祥　正氣歌

宋代文學概述

　　馬致遠　天淨沙・秋思

張養浩　山坡羊・潼關懷古

睢景臣　〔般涉調・哨遍〕高祖還鄉

王實甫　長亭送別（《西廂記》）

歸有光　項脊軒志

湯顯祖　遊園（《牡丹亭》）

蒲松齡　席方平（《聊齋誌異》）

姚　鼐　登泰山記

龔自珍　詠史

秋　瑾　黃海舟中日人索句並見日俄戰爭地圖

梁啓超　論毅力

林覺民　與妻書

元明清近代文學概述

〔附錄〕

學習語文常用工具書簡介

我國詩詞格律簡釋

古漢語常用虛詞例釋

古代漢語的特殊句式

常用修辭格例釋

我國歷史朝代簡表

　　本書是一九八一年《大學語文》（見本章第卅一節）的修訂本。修訂的地方一是刪去現代文學部分，另編補充教材（見本章第卅四節），二是增加歷代文學概述、工具書簡介及常用語文知識等「附錄」項目，此外亦有改動原來的選文。比對前書，更趨完善。

（卅八）

《大學國文教材》

編者：香港中文大學中國語言文學系大一國文教學小組　楊鍾基、張雙
　　　慶、蔣英豪、黃坤堯合編

出版：華風書局

出版日期：一九八三年十月

華風書局 1983 年版

華風書局 1983 年版

目　錄

四、秋水（莊子）

五、卜居（楚辭）

六、察傳（呂氏春秋）

七、論貴粟疏（晁錯）

八、李將軍列傳（司馬遷）

九、蘭亭集序（王羲之）

十、江水（節錄）（酈道元）

十一、哀江南賦序（庾信）

十二、秋日登洪府滕王閣餞別序（王勃）

十三、答李翊書（韓愈）

十四、始得西山宴遊記（柳宗元）

十五、西銘（張載）

十六、六國（蘇洵）

十七、六國論（蘇轍）

十八、原君（黃宗羲）

第二單元

一、柏舟（邶風）（詩經）
　　蒹葭（秦風）

二、讀山海經二首（陶潛）

三、將進酒（李白）
　　月下獨酌

四、詠懷古蹟五首（杜甫）
　　聞官軍收河南河北

五、正氣歌（文天祥）

六、水龍吟（蘇軾）
　　定風波

七、蘭陵王（周邦彥）
　　少年遊

八、摸魚兒（辛棄疾）
　　賀新郎

九、暗香（姜夔）
　　疏影

乙　現代漢語

第一單元

　　一、司馬遷和孔子（節錄）（李長之）

　　二、孟子政治思想的基本結構及人治與法治問題（徐復觀）

　　三、司馬遷替商人辯護（胡適）

　　四、論《世說新語》和晉人的美（宗白華）

　　五、中國社會變遷中的文化結癥（費孝通）

　　六、國文教學與人格陶冶（羅庸）

第二單元

　　一、凶、鬆、空（朱文長）

　　二、釋文盲（錢鍾書）

　　三、王道與霸道（鄧拓）

　　四、楊柳（豐子愷）

　　五、唸你們的名字（張曉風）

　　六、血肉築成的滇緬路（蕭乾）

　　七、幹校六記下放記別（楊絳）

第三單元

　　一、祝福（魯迅）

　　二、青番公的故事（黃春明）

　　三、冬夜（白先勇）

　　四、剪輯錯了的故事（茹志鵑）

第四單元

　　一、再別康橋（徐志摩）

　　　　偶然

　　二、一個觀念（聞一多）

　　　　一句話

　　三、古鎮的夢（卞之琳）

　　　　斷章

　　四、殘堡（鄭愁予）

　　　　錯誤

有關本章的介紹見本書頁 17。

第三章　大學國文科課程檢討

（一）引　言

在回顧了大學國文科的歷史沿革，具列三十多種國文教材的序言、編輯大旨及詳細篇目之後，本章擬就本科課程進行全面檢討。檢討範圍包括：本科的存在價值、教學目標、所應開設的年數、行政組織、講授、導修、習作、考試、課外輔導和教科書設計等問題。討論的依據，除了本書第一二章的研究結果，並參考有關專著（詳見本書參考書目），調查問卷及訪問所得的意見。討論之餘，並嘗試提出個人對此等問題的見解，以期拋磚引玉。

（二）設置本科的意義

在一九三八年教育部規定本科爲大學一年級必修科之前，國文科並不在每一間大學開設。而在一九四九年之後，中國大陸至少有十五年完全停開此科。即使在臺灣和香港，也時常有人對此科的存在價值提出疑問。歸納這些論者的意見，約有下列四點：一、打好中國語文基礎，應該是小學及中學教育的責任，沒有延續到高等教育的需要。二、即使由於種種原因，未能在中學階段培養足夠的語文能力，必須在大學階段「補救」，則「補救」的對象應只限於語文能力不足的學生。而且，當中學的語文教育得到改善，則大學的國文科應該「功成身退」，沒有長期開設的必要。三、大學是研究專門學問的場所，國文科學習的內容與學生的專科無涉，不宜佔用學習專科的時間，加重學生的壓力。不少理學院、醫學院的師生有此觀點。四、國文科的教材古舊，教學沉悶枯燥，修習一年，並無增益。定爲必修科徒然浪費時間。

要消解上述論者的疑慮，應從認識設置本科的意義著手。在筆者曾經參

加的「全國大學語文教學研究會首屆年會」（一九八二年四月在南京舉行），
就有七、八篇論文論述這個問題，並在會中熱烈討論，茲節引討論所得的要
點〔註1〕：

> 「一、從學生學習和工作的實際需要來看，論文指出，儘管學
> 生所學的專業不同，他們的學習和未來的工作都要求具有較高的
> 聽、說、讀、寫的能力。學生在校要閱讀教科書、參考書、報刊，
> 要自學；他們要記筆記，寫實驗報告，寫學術論文；畢業後要從事
> 管理工作、科研工作，參加社會活動。這些都要求他們具備較好的
> 閱讀能力與寫作能力。提高語文修養是一輩子的事，不能指望在中、
> 小學學了語文就一勞永逸，因而有必要在大學繼續學習語文，而且
> 要學得比在中學更系統、更講實效。」

此點解答了上述第一、二點疑問。語文學習是一輩子的事。大學國文科並不
應該是為了「補救」中學之不足而存在，而應有異於中學語文課的教學方針
和教學設計。至於如何另擬方法協助語文能力特低的學生，以至如何將大學
語文課設計得有別於中學，詳見本章以後數節。茲繼續引述前文：

> 「二、從現代科學技術發展的趨勢對學生智慧結構的要求來
> 看：當今世界科技發展的趨勢，一是分工越來越細，一是互相交叉、
> 滲透，特別是文、理滲透為發展邊緣學科、培養人才，開闢了新的
> 領域。同時科技知識更新的週期越來越短，因而高等學校不僅要傳
> 授知識，更要致力於開發學生的智力，培養學生觀察、分析、綜合
> 的思維能力，因為思維和創造想像的能力是智力結構中最具創造性
> 的部分。而語文課對於培養學生的思維能力、想像能力起著重要的
> 作用。……」

> 「五、從語文課擔負的思想教育任務來看，語文課最具有民族
> 特色。一個國家的優秀傳統、民族精神，最鮮明地體現在這個國家
> 的文學中。對學生進行思想教育，既要曉之以理，又要動之以情，
> 語文課最適宜擔負這一任務。……」

此外，並未詳錄的第三點是說世界其他科技極為發達的國家，在大學中並未
忽視語文課，第四點則舉世界知名學者都是博知通識，具有良好的語文能力。

〔註1〕見賈平年《首屆年會論文綜述》。收錄於全國大學語文教學研究會及南京大學
學報編輯部合編出版的《大學語文研究集刊》（1983 年出版）頁 93～97。

即使不引這兩點，單從引文第二點所強調的，語文能力的提高與學習能力、思考想像的能力有直接的關係，明乎此義，也就可以消解上文提到的理科、醫科師生的顧慮。至於大學國文科是否應該擔負起通識教育、愛國教育、文化教育以至道德教育的責任，是見仁見智的問題，留待下節詳論。

在肯定了大學國文科的存在意義之後，我們也不應該逃避別人對大學國文科現存問題的責難。在本章其後幾節，正是希望從檢討問題之中，設計出一套改善這個課程的方案。

（三）教學目標

回顧大學國文科的歷史，縱覽現存三十多種教科書的編選方針，以至細閱郭紹虞《大一國文教材之編纂經過與其旨趣》一文所作的詳細分析（見本書頁 21 至 27），我們可以發現本科教學目標之混亂。從京師大學堂時期，未有「國文」的名目，而分設「經學」、「諸子」和「詞章」開始，「經學」所包涵的道德教化，「諸子」所包涵的思想理論，以及「詞章」所包涵的語文運用和文學欣賞，便籠括了國文科的四大目標，這些方向發展下去，見諸具體的選擇教材，便分別把「大學國文選」變成文化史、學術史、思想史、文學史、文學批評史和漢語史。再加上思想立場和學術觀點的分歧，這些教科書甚至變成「愛國文選」、「桐城文選」、「魏晉文選」、「明清小品選」……至於欲求相容並包的，卻又難免顧此失彼，多目標變成無目標，結果是吃力而不討好。

如何澄清這個混亂的局面？筆者認為應從下列三方面著手：一、清楚認識基礎科目與專門科目的分別。二、在本科的眾多教學目標中找出最基本的共同點，從而分辨各種目標之間的主從關係。三、認清大學教育與中學教育的不同層面，從而找出大學國文科獨特的教學目標。分別詳論於後。

第一個問題不難澄清，而其結果卻是解決其他問題的重要根據。如所周知，基礎科目是專門科目的預備課程，是學習專門科目的階梯。基礎科目是工具課，目的是培養基本的學習能力，而專門科目則進入分門別類的知識領域。當我們肯定「大學國文」是一門基礎課，便應該與「文化史」、「思想史」、「文學史」、「語法學」、「修辭學」、「倫理學」等專門科目劃清界限。與此同時，我們亦應確認，基礎科目與專門科目的主從關係。「大學國文」的設立，是為學習「文學史」、「倫理學」以至其他專門科目作好準備，正如相對於「詞曲史」、「東坡詞」，「中國文學史」便成為這兩科的基礎。也就是說，儘管在「大學國文」裏涉及「中國文學史」的內容，可是不應將「國文」課教成「文

學史」課，正如「中國文學史」必然談到蘇東坡的詞，可是卻絕不應該把「文學史」課教成「專家詞」。

在肯定了「大學國文」是一門基礎課程和確認本科與其他專門課程的主從關係之後，試行檢討各種不同的教學目標。如果將「國文」的「文」字作一廣泛的理解，可以解為「語文」、「文化」和「文學」，事實上這三種內容也確實存在於歷來本科課程之中。到底語文運用、文學欣賞、文化薰陶這三個教學目標之間有沒有矛盾衝突？答案可分兩方面，一方面三者並行不悖，而且同是一個高級知識分子應有的修養，是大學教育所應從事的全人教育的目標。更有進者，是三者互相依存，相得益彰。任何一個民族的語文形式，都是這個民族的文化特徵以至思維方式的具體表現。成功的文學作品，是語文運用的精華所在，而文化薰陶亦需靠賴準確的語文傳達甚至借助文學的感染能力。可見三者在教育的立場並無衝突。然而在另一方面，對於一個課程有限的教學時數來說，矛盾衝突就很大，顧此則失彼，面面兼顧變成面面不顧。要解除教學時間不足的矛盾，增加教學時數是似乎可行而實不足取的辦法，因為這樣做等於將三四門學科統名曰國文科，無從凸顯本科的根本目標。我們試將問題帶回前文提出的方向，就是找尋這眾多目標之間的共同點。共同的地方就是無論想通過「國文」科使學生認識文化也好，哲學也好，以至要學生敦品勵行、愛國家、愛領袖也好，都需要首先讓學生掌握語文的讀、聽、講、寫的能力，所以培養學生的語文運用能力是「國文」的基礎科目的主要目標，其他一切都是從屬目標。

在肯定了語文運用是本科的首要目標的時候，也有必要剖析一下所謂「把語文課上成語文課」的片面觀點，有些論者將語文簡單地比喻為一輛車，於是不管「文以載道」也好，「文以抒情」也好，都是車上不同的貨物，從事語文教學就只管造車，不問其他。殊不知世上盡有不載任何物品的車，卻絕對沒有不包含任何意義的語文。即使就造車來說，運泥車、坦克車、登山纜車也得因應不同的需要而設計。雖然「汽車設計原理」可以成為一門獨立的學科，但這也正如離開一篇作品而單講「語法學」、「語言學」，把一門基礎科目講成專門科目。所以，如果將語文運用視為「國文」科的唯一目標，孤立處理，就其深者，會將國文課講成「語法」課；就其淺者，會使較高層次的大學語文課淪為學習外國語文所常用的簡單傳意訓練。近來香港教育當局大力推動的「語文傳意」課程，就是將英文作為第二語言的教學法套入母語語文

教學之中，這是必須糾正的錯誤方向。

　　至於大學階段的中國語文課應該有甚麼與中學不同的目標，首先需要確認兩者的共同點，作為語文課，都是培養學生在語文的讀、聽、講、寫等吸收和表達能力。這些能力的增進是一輩子的事，而因應成長的過程和環境有不同的需要，對一個中學畢業生的語文程度，只要求能應付日常生活中讀書閱報，寫信記事。而對大學生則至少要求他們看學術書籍，寫專門論文，起草章程，翻譯外文資料，通曉較為高深抽象的理論，認識以古代語文所寫的文化和思想的著作。在這不同層次的要求之下，大學語文科便有必要讓學生閱讀古文和理論性的著作，也學寫學術文章。在大學國文課程中，語文運用的教學目標與其他目標的主從關係，就是學習不同時代、不同體裁和題材的作品是手段（而且是必要的手段），而培養較高的語文運用能力是目標。等到這個基礎課程達到了上述的功能之後，則語文運用成為手段和工具，以之學得其他科目的文化、思想和學術理論才是目標了。雖然，我們當前的現實是大學國文科所教者往往無異於中學，那是由於中學語文教育的失敗，使大學國文淪為補習課。在這面對困境的時候，認清本科多種教學目標之間的主從關係，才能使這方面的混亂不致持續下去。

（四）學習年數及學分

　　在肯定了本科在大學設置的意義和確定了本科的教學目標之後，接著的問題是本科應開設多少年，每年若干學分，以至應否設立免修的制度。

　　回顧本科的歷史，在民國初年的「師範學校規程」（見本書頁 6），規定本科開設四年，教學範圍包括甚廣。在香港中文大學成立之前的新亞書院，除了「大一國文」之外，更有「大二國文」和「大三國文」之設。至於免修制度，香港中文大學在七十年代曾因教學人手不足而准許在大學入學試得到「B」級以上成績而經甄別試合格者免修此科。

　　對於上述問題，筆者的意見是：鑒於在大學裏學生所須修習的科目甚多，國文科不應佔據超過一年的時間。而另一方面，語文運用的層次，可以不斷提升，在「大一國文」之後，因應更高程度的需求，可以開設供作選修的「大二國文」。而「大二國文」亦不妨改換名目，稱為「文章選讀及習作」，或與各學院課程結合，開設該科的「學術論文選讀及習作」。

　　至於可否免修的問題，如果我們肯定了大學國文科與中學有不同的教學目標和教學設計，則「大一國文」不宜免修。對於語文水平遠低於「大一國

文」課程要求的學生，筆者贊同另設小組輔導（詳見後文），以免此科淪爲中學國文補習班而使程度較高的學生感到索然無味。如果另外設有「大二國文」，則當然可以准許程度特高的一年級學生跳級修讀，也就是確保每一個大學生都能至少接受一年適合個人語文程度的大學語文教育。

本科的學分，在中國大陸和臺灣，一般定位每學期四學分，每周上課四節。在香港中文大學，則六十年代前期爲四學分，後來改爲三學分。筆者認爲，本科能否取得理想的教學成果，教學時數是三節還是四節，不是關鍵問題。眞正的關鍵在於課程設計的精講多練，和教節分配的講授與導修並重，將於後文詳論。

（五）教學行政組織

由於「大一國文」是全校一年級的必修課程，修習的學生既多，也需用大量的教師，加上本科的教學目標以至選材方針都有不少可資爭議的地方，如果沒有健全的行政組織以及明確的政策，往往產生級別編排的混亂，教者勞逸不均，各班寬緊懸殊。

本科專責行政組織的設立，可以追溯到民國初年的北京大學，除各系教授會之外，另立「國語科委員會」〔註2〕。其後各大學均有類似組織。香港中文大學的「大一國文」教學行政設計，經過歷年的改善，或有可供參考的價值，介紹如下：

一、諮詢組織：由於本科關連全校各科系約四分之一的學生，影響甚大。如能參考各系教師的意見，當有助於本科的改進，故在一九七七年組織了「大一國文科諮詢委員會」，邀請大學教務長、各院教師代表及學生代表參加，對本科的教學，尤其是教材的編選方針提供了不少意見。此外，亦有通過座談會及派發調查問卷，吸收學生的意見。

二、專責小組：是籌劃本科的行政組織，成員包括全體語文教師（全職任教本科者）及其他教師（只任教一班者）代表三名，由全體任課教師推選，任期二年。小組設主席一名，秘書一名，每月大約開會一次。另外，每年召開全體任課教師大會，交換一年來的教學心得。小組的職權包括：設計課程，編排教學人手及上課時間，編印教科書及各類補充教材，控制教學進度，安排每學期的統一考試，處理學生的獎懲事宜，及設計教學調查問卷。此外，

〔註 2〕見新晨報業書室所編之《北平各大學的概況》（1929 年 6 月北京新晨報出版）頁 16。

本組得委任工作小組，處理特別事宜，如普通話教材小組、教科書編印小組等，工作小組成員，得於任課教師之外邀請。

（六）課程設計

完整的課程應該包括大班講授、小組導修、課外自修、習作和考試。成功的課程設計應該針對該科的特性和教學目標，貫徹於每一個教學環節，緊密結合。

從上文各節的分析，我們確認大學國文科的首要目標是培養學生對中國語文的讀、聽、講、寫等吸收和表達能力。而針對大學教育的要求，這些語文運用能力的訓練又須通過文化、學術理論和文學等不同類型作品的閱讀加以貫徹。如何以有限的教學時數來達到這些目標是本科課程設計的一大挑戰。在此嘗試首先建立四點基本策略。

一、語文運用是一種技能，技能的培養，練習和實踐是最重要的事。雖然教師的指導和示範有助於學生掌握竅門，可是仍得要學生切身體會，才能得心應手。所以語文課程設計的首要原則是：少講授多練習。

二、講授的原則，應該是啓發而非灌輸。講授的內容，應該是理論與示例互相配合，力求舉一反三。「精講」是使「少講」能夠不失理想效果的保證。

三、在語文運用的讀、聽、講、寫四項基本要求當中，讀和聽是語文吸收能力的訓練，講和寫是語文表達能力的訓練；而聽和講的對象是語言，讀和寫的對象是文字。四者各有所司，不宜偏廢。大班講授的重點在「聽」，小組導修討論的重點在「講」，課外自修和習作的重點在「讀」和「寫」，四者應緊密配合。

四、由於教學時間有限，學生能否有所進益的關鍵在於能否多讀多練。課外閱讀和練習材料的編製，以至課外學習的督促和考核，應是本科教學設計的重點。

茲據上述基本方針討論本科課程設計的細則。

一、編　組

由於本科學生甚多，如何編排組別，以至每組人數若干，都是值得注意的問題。爲了方便上課時間的安排，以至授課時結合學生的學術專長舉例，宜將相同院系的學生編在一組。至於每組的人數，爲著確保小組討論之中學生有充分的發言機會，人數宜少不宜多。每組以十五至二十五人爲理想。從前香港中文大學曾經嘗試集中百人以上爲一組，由多位教師輪流講課，也曾

在三十人爲一組的數組之中，由一位教師專責各組的講授，而助教則負責各組的導修，效果都不甚好。理想的辦法仍是由一位教師負責一個二、三十人小組的講課和導修事宜。

二、教學時數的分配

教學時數的分配，應以教學重點爲依歸。較之歷來一般大學國文教師將絕大部分課時用於串講範文，筆者更爲贊同香港中文大學現行的安排，就是以三分之一的課時用於範文講授，三分之一的課時由教師講授語文運用知識，主持發還習作之後的有關討論，以及進行各種課堂練習，如普通話聽解練習。而另外三分之一的課時（每週一節或隔周連續二節）用於由學生主持的小組討論，討論的內容一般爲教材中的白話文或淺易文言文的欣賞分析。

三、大班講授

所謂大班講授，乃相對於小組導修而言。每班人數仍以十五至廿五人爲宜。講授由教師負責，建議的時數和範圍已見前段。至於具體的方案仍應以本科教學目標爲依歸。在有限的課時裏，應該注意精講的原則。

所謂精講，一方面是不要遠離教學重心地將國文科講成文學史、文化史、倫理學等專門課；另一方面，是精選具有代表性的範文，提出具有代表性的問題，指示分析範文和探討問題的方法，提供參考文獻，使學生能在課後自行深入研究。也就是說，重在啓發而不在灌輸，力求舉一反三，使學生嘗一臠而知全鼎。

其次是注意理論和範例的結合。要提高大學生的語文能力，除了要他們自己多讀多寫之外，學習理論也是有效的方法。讓學生懂得漢語構詞的特色，注音的方法，古今語文的對應規律，以至識別語病的方法等等，自然有助於他們日後閱讀古書、撰寫論文。可是仍需注意不要將語法學習孤立看待而使國文課變成語法課。應該結合範文教學來講語法問題，同時應用語法知識輔助作文教學。

四、小組導修

小組導修的設計目標，在使學生通過課前預習和小組課堂討論，消化所學，並培養獨立研究及公開討論的能力。

在國文科課程中設置導修，是香港中文大學的教學重心，茲介紹筆者對本科導修的設計細則如下：

（1）在學期開始時，由學生自由組合，每四人爲一小組，輪流主持導修。

導修課隔周進行，每次二教節。

（2）課程中較深奧的範文由教師精講，並選定較淺易者爲導修篇目，供學生選擇，在學期開始時派發課程綱要、工具書目及進度表，向學生說明導修課的要求，介紹使用工具書的方法，並主持一次導修以爲示範。

（3）在四人小組主持導修之前的一星期，安排與教師作大約二教節的面談，要求學生在會見教師之前大量閱讀有關資料，做妥準備工作。教師在會見四人小組時則著重考察各項準備工作，解答學生在準備過程中發現的問題，指示分析和欣賞方法，最後由小組同學準備預習資料，發給全班同學。

（4）四人小組在導修課負責講解並主持討論。導修討論進行時，教師盡量不加干涉，只作約十分鐘之總結評論。導修課後派發問卷，徵集全班同學對主持同學的評論和對該次論題的心得，由四人小組結合原先準備的資料，詳細撰寫導修報告，交由教師批改，給予分數（學生在小組輔導及主持導修時之表現均計算分數）。

五、習　作

「精講授多練習」是前文強調的本科課程設計的核心。本科一般習作，大抵以作文爲主，輔以讀書報告或周記。香港中文大學大一國文教學小組所定的習作，有下列六種：

（1）作文：每學期作文三次，由教師精改，發還時在課堂進行討論，並因特殊情況爲學生作個別指導。

（2）讀書報告：學生須在指定的近代作家選集十種及專著七種中，每學期選讀一至二種，撰寫讀書報告。

（3）短文：隔周繳交一篇日常應用的短文，約五百字。內容頗具彈性，例如生活雜記、書信、讀書箚記等。短文先在小組中交換評改，再交教師審閱。

（4）語文練習：由大一國文教學小組編訂，亦有任課教師自行補充者，計有：工具書使用練習、改正錯別字練習、語法修辭練習、撮寫練習、閱讀理解練習、文言語譯練習等。

（5）導修報告：見上段。

（6）普通話聽解練習：爲輔助未曾慣聽普通話的廣東學生而設。由教師配備錄音帶，在課堂上進行練習，並置於校內視聽教學室，供學生在課外使用。

六、課外自修

由於本科教學時數有限，能否使學生的語文能力提高，鼓勵課外自修是成敗的關鍵。對於促進課外自修，筆者有下列建議：

（1）利用暑假期間，與學生團體合作，開辦讀書小組及創作小組，由教師輔導，鼓勵學生自動參加。

（2）編輯本科教科書，不妨多選各類作品，加以注解。在教師精講的篇章之外，規定學生自行閱讀若干篇，於考試時考核。

（3）在教科書之外，指定若干文學選集及學術著作，要求學生自行閱讀，呈交報告。

七、考　試

本科考試宜統一命題，以便公平比較各組學生的成績。

考試具有督促學習的作用，故日常練習、導修表現及課外閱讀，宜列入評分範圍。

考試命題應結合本科的教學目標及全部課程。以香港中文大學的考試設計爲例，包括：

（1）共同試題，占總成績百分之四十，內容分爲四部分：（甲）語文知識、（乙）識別病句、（丙）閱讀理解測驗、（丁）作文。

（2）各組任課教師自擬題目，占總成績百分之二十。以問答題爲主，考驗學生對所授範文的認識。

至於其他百分之四十，則爲平時各種習作的分數。

八、特別輔導

爲了一方面不使「大一國文」淪爲中學國文科的補習科而失掉大學教育應有的功能，另一方面又可照顧語文程度不足的少數學生，民國初年清華大學與及香港中文大學現行的辦法都值得參考。

在清華大學成立之後，不設預科，而有共同必修的「大一國文」，規定「新生錄取入學後，須於規定時間內受國文甄別試驗，不及格者，另班補習。」〔註3〕在這制度下，不及格的學生可以另班補習，而「大一國文」科因而不必降低程度。

〔註3〕見新晨報業書室所編之《北平各大學的概況》（1929年6月北京新晨報出版）。頁122。

香港中文大學聯合書院則在一九七八年由書院基金會贊助一項語文輔導計劃，為自覺語文程度不足的學生在「大一國文」課程之外提供小組輔導（學生自動報名參加）。每組學生四人，每周上課一次，每次一小時，進行語文練習及評閱作文討論。此項計劃今年亦在崇基學院推行。

九、教學調查及試題檢討

由於修習本科的學生來自不同院系，程度參差，學術背景不一，而且各年學生的水平亦有不同，故需要隨時進行教學調查，以便及時作出因應措施。筆者曾參與設計及使用的教學調查組問卷有下列三類：

（1）導修意見調查：在每次導修課後進行，內容包括對主持同學的講解能力、答問及領導討論能力的評價，填表者對討論課題的重點簡述、對討論課題的補充意見，以至提出希望深入認識的問題。此份問卷除供主持同學參考檢討之外，亦有助於教師日後選定導修課題和觀察學生對導修問題的認識程度。此外，遇有學生提出精闢的補充意見或重要的問題，亦可在講授課上介紹及討論。

（2）教學成效調查：在每學年結束時進行，內容包括對課程及教師的意見，例如教師的講解、答問及領導討論的能力、選材的深淺、習作的分量、同學的學習態度、一年來的進益程度、學習上所遭遇的問題，及對教師和課程的建議等。

（3）課程設計調查：在擬對課程作較大修改或重編教科書時進行，內容包括對現行課程的全面檢討。香港中文大學曾在一九八〇年進行此項調查，調查簡報附於本書之後。

此外，由於全校「大一國文」考試的共同題目關連重大，亦有必要嚴格檢討。香港中文大學的大一國文教學小組在每次考試之後都開會討論。會議之前，由專人負責統計每題的成績，據以檢討該題是否太深或太淺，比對學生平時成績與各類題目的相關係數，從而得知各題在測量效果上的可信程度，以為日後擬題的參考。

（七）教科書

教科書的編輯方針及選材的分歧是大學國文科的嚴重問題，選材的分歧雜出，已詳見於本書第二章的敘錄；而編輯方針的差異，關鍵在於對本科教學目標的理解，已在本章第三節詳細討論。茲據以上分析的結果，在本節提

出簡單的建議。

一、首要的策略性原則是「語、文分立」。就是將「範文選讀」和「語文知識・理論及練習」分開編纂，從而凸顯語文運用的訓練是本科的首要目標，與範文選讀各有所歸。

二、語文教科書的編纂，不必求其專深，以切合中文系以外一般學生的程度爲宜。又應結合學生日常應用的需要並因應範文選讀的教材舉例。至於具體的綱目，筆者頗爲贊同《中國語文論文選（大學國文教學參考資料）》一書的編排（見本書第二章第三十五節）。

三、範文選讀部分歷來爭議最大。需要掌握的策略性原則是肯定大學國文教育有異於中學國文者在於培養學生閱讀文化、學術、文學各類作品及運用古代資料的能力，在選材時應該針對我國文化、學術思想和文學的體系多選各類型的作品。（在此不妨重複強調一次，大量編選文化、文學的作品絕不等於將國文課變成文化史、文學史課，而是以閱讀此等作品爲手段，以養成學生對各類作品的閱讀能力爲目的。在「精講多練」的原則之下，教師不是而且不應將全部課時用於串講範文）。選材在數量方面增加了，自能免於顧此失彼的局限，而學生也得以在教師精講的篇目之外，自行通過本科教科書涉獵各種作品，達到「精講多讀」的目標。

四、範文部分的選材，應是「文」「學」並重。這裡的「文」指「文學作品」，「學」指「學術著作」。文學作品是語文運用的高級層次，發揮語文的情意感染力量，所佔的分量不宜少於各種學術論文。

五、以所選範文所用的文體而論，應該文言與白話兼收。語體文是學生日常應用的文字，古代漢語則是研究古代文化所必需，都是不宜偏廢的，至於文言及白話範文應佔怎樣的比率，則是見仁見智。據一九八〇年對九百零四個學生進行調查的結果，25.9%建議文白比例爲五五，21.8%建議四六之比，22.1%建議三七之比，10.7%建議二八之比。筆者以爲，從六四到三七都未嘗不可。而且，當選文的分量增加，則文白比例的輕重便不會構成太大的局限。

六、爲了方便學生自修，所選範文應該提供背景資料，詳加注解及分析。

結　語

在本書的三章裏，筆者嘗試在研究歷史、彙集資料的基礎上，建立一套

對於大學國文課程、教學法和教科書編纂的設計方案。在研究的過程中，發現對這個問題進行全面深入研究的人不多，而有關資料流失散佚的情況相當嚴重，限於筆者個人的能力和經驗，本書當有許多疏略不全的地方。期諸來日，當繼續收集資料加以補充，並希望博學方家，多多指正。

一九八三年十二月三十日

香港中文大學大一國文教學小組
「課程設計調查」問卷報告
一九八〇年

（一）此次調查交回問卷者共 904 人，其中文學院 235 人，理學院 304 人，社會科學院 219 人，商學院 146 人。來自中文中學者 229 人，英文中學者 675 人。

（二）全體學生中，曾修讀高等會考課程者佔 45.5%，自修高等會考課程者佔 35.5%，兼修兩種課程者佔 7.9%，修讀高級會考課程而自修高等會考課程者佔 8.5%。

（三）全體學生中，在中學時代曾修讀中國文學科者佔 42.8%。

（四）各學生在中學時代平均每學期作文次數極為參差：五篇者佔 20.8%，三篇者佔 17%，四篇者佔 15%，而六篇、七篇、八篇、十篇者各有 10%，九篇者亦有 7%。

（五）一般學生對中學國文科相當感興趣，答案為「3」（普通）者佔 30%，而「4」「5」者達 50%，而感興趣之主要原因：則「自覺應學好中文」者達 48%，而「受教師的精彩講授所吸引」者亦佔 25.4%；至於對國文科不感興趣者首要原因在：「對教材不滿」佔 46.5%，而「因教師教法不佳而失望」者亦佔 26.5%，可見一般學生對此科學習動機相當積極，如能在教材及教法方面多加注意，當能提高學習興趣。

（六）大一國文科之出席率：全無缺課者佔 35.5%，一學期缺課一至二次者佔 45.2%，三至四次者佔 13.3%，而超過四次者佔 5.9%。

（七）導修課發言，則不甚踴躍，70%以上在「普通」（3）及以下。

（八）備課及溫習方面：導修堂備課一般在每周半小時及半小時以下，佔 62.8%。主持導修時則有 27%需用五小時以上備課，34.4%用三至四小時，24.6%用一至二小時，亦有 14%只用不足一小時者，而課後溫習則一般在每周半小時以下，甚至有 36.8%在平時全無溫習，亦有 30%全未閱讀過教師精講以外之教材者。

（九）閱讀習慣方面，有 76.6%每天閱讀報紙，經常閱讀之五種報紙依次為《明報》（42.5%），《華僑日報》（14.8%），《成報》（8.6%），《東方日報》（5.8%）及《大公報》（4.9%）。雜誌及中文課外書方面則偶然及極少閱讀

者佔 70%以上，較多人閱讀之雜誌依次爲《明報月刊》，《讀者文摘》，《七十年代》，《中報月刊》，《中大學生報》，《突破》，《信報》及《號外》。較多人閱讀之中文課外書依次爲《西潮》，《天讎》，《臺北人》，《圍城》，《尹縣長》及《寫在人生邊上》。

（十）對大一國文科之總體印象及對所選範文之評價，70%以上認爲深淺適中，取材尙佳，而對課本之文言文及白話文比例則有 30%以爲文言文略嫌過多。

（十一）對本科語文練習及改錯別字練習，70%以上認爲頗能得益。

（十二）對本科之建議，有關選文之文、白比例，25.9%建議五五之比，21.8%建議四六之比，22.1%建議三七之比，10.7%建議二八之比。

（十三）有關每學期作文篇數，32.8%建議三篇，19.6%建議四篇，16.9%建議五篇，10.6%建議六篇。

（十四）其他建議：81.1%認爲應講授語文知識，75.4%認爲應講授應用文，55%認爲應講授工具書使用法，亦有建議講授詩、詞、現代小說及現代詩者。

一九八〇至八一年度下學期大一國文期考成績

	平均成績最高之小組	平均成績最低之小組	全體總平均成績
甲部（12%）	10.4（87）	7.32（61）	9.27（77）
乙部Ⅰ（5%）	3.56（71）	2.2（44）	2.74（55）
乙部Ⅱ（5%）	4.47（89）	2.9（58）	4.06（81）
丙部（10%）	7.56（76）	5.4（54）	6.4（64）
丁部（8%）	6.78（85）	3.5（44）	5.23（65）
共同題目總分（40%）	31.72（79）	23.75（59）	27.93（70）

（　）號內之數字及換算以一百分爲滿分之分數。

分析（1）各組平均成績相差不大；（2）甲部水平穩定，成績尙佳；（3）乙部Ⅰ及乙部Ⅱ成績差距頗大，可見學生之白話文理解能力較文言文爲佳，乙部Ⅱ平均成績頗高，此部題目可酌量加深。

附錄一　大學國文科研究論文目錄

　　《國文系會議消息：大一國文之教學法》，記者，《國立清華大學校刊》522 期，1933.9.28。

　　《大一國文教材之編纂經過與其旨趣》，郭紹虞，《文學年報》第 5 期，1939.4。

　　《部頒大學國文選目評議》，陳覺玄，《國文月刊》24 期，上海開明書店 1944.10。

　　《談大學一年級的國文》，丁易，《國文月刊》41 期，上海開明書店，1946.3。

　　《對語文課程的一些意見》，曹伯韓，《國文月刊》48 期，上海開明書店 1946.10。

　　《論大學國文系及其科目》，胡山源，《國文月刊》49 期，上海開明書店 1946.11。

　　《國文教學五論》，徐中玉，《國文月刊》67 期，上海開明書店，1948.5。

　　《國文和教科書》，毛子水，《中國語文》10 卷 1 期頁 6～7，1962.1.1。

　　《大學文學課程之研究》，陳紀瀅，《文壇》35 卷頁 7～14，1965.5。

　　《減少大學必修科目》，社論，《青年戰士報》2 版，1963.9.17。

　　《大學課程修訂的方向》，社論，《中央日報》2 版，1963.9.19。

　　《修訂大學課程問題》，社論，《政治評論》11 卷 4 期頁 4，1963.10.25。

　　《大學國文不可廢》，林大椿，《現代政治》10 卷 11 期頁 17，1963.11。

　　《大學生國文研習之展望》，盧元駿，《中國一周》869 期頁 2，1966.12.19。

《大學課程問題》，李巧鑾、李承年、陳碧霞，《今日教育》11 期頁 28～29，1967.1。

《各級學校「國文教材」之改造與中華文化之復興》，廖維藩，《國粹》10 卷 1 期頁 8，1967.12.15。

《國文教學在教育上的地位》，錢穆，《研習叢刊》4 期頁 229～232，臺中師範專科學校，1968.11。

《國文教學法》，錢穆，《研習叢刊》4 期頁 233～236，臺中師範專科學校，1968.11。

《國文教學理論與實際》，江學謙，《研習叢刊》4 期頁 237～250，臺中師範專科學校，1968.11。

《師校師專國文科教學改組方案》，王逢吉，《研習叢刊》4 期頁 251～257，臺中師範專科學校，1968.11。

《談大學國文課本的編纂》，宗慶，《今日的大學和大學生》，大學叢刊編輯委員會臺北環宇出版社，1970.7。

《大專學生國文程度低落之嚴重性》，司徒賈，《學粹》12 卷 6 期頁 19～24，1970.10.15。

《對新修大學課程標準的期望》，呂自揚，《臺灣時期》9 版，1972.4.2～3。

《請重視大學國文課程》（上），劉偉中，《中央日報》10 版，1973.11.10。

《請重視大學國文課程》（下），劉偉中，《中央日報》9 版，1973.11.11。

《談大一國文教材和教學》，李宗懂，《中央日報》10 版，1974.9.26。

《大學文學教育淺論》，賴金男，《教與學》64 卷 4 期頁 2～3，1975.4.1。

《大學國文教學之我見》，陸鐵乘，《臺灣教育》319 期頁 11～13，1977.7。

《大學國文教學面面觀》，江應龍，《民族晚報》7 版，1977.9.22～23。

《大學一年級學生施用區分性向測驗之研究》，張文雄，《東海學報》19 卷頁 99～133，1978.6。

《國文的重要》，劉眞，《教育資料文摘》1 卷 5 期頁 4～18，1978.6。

《民族精神教育與國文教學》，周飲龍，《臺灣教育》333 期頁 14～16，1979.9。

《論師專國文教學事業化》，陳侃，《花蓮師專學報》10 期頁 179～201，1978.12。

《國語文教育的發展》，王華林，《中國語文》44 卷 4 期頁 12～20，1979.4。

《國文教學的實際問題》，鍾屏蘭，《臺灣教育輔導月刊》29 卷 4 期頁 15～16，1979.4。

《普遍提高大中學生的國文程度》，社論，《中央日報》2 版，1979.7.27。

《國語文教育的過去與現在》，李碧桃，《社會教育年刊》頁 14～22，1979.12。

《大學生國文學習態度之研究》，顏綠清，《教育學院學報》5 期頁 237～263，1980.4。

《本校的文史哲教育》，高明，《學府紀聞・國立政治大學》，臺灣南京出版有限公司，1981.10。

下列論文均發表於 1982 年 4 月 19 日在南京舉行之全國大學語文教學研究會首屆年會：

《對大學語文課教學的一些看法》，徐中玉，華東師範大學。

《理工科院校要加強大學生的文化素養和科學素養》，方遇順，上海科技大學。

《從建設精神文明的高度看理工科高校開設「大學語文」課的重要意義》，辛德增，遼寧建築工程學院。

《工科院校開設中國語文課是培養學生智慧的必要手段》，孔建民，華東工程學院。

《大學語文課教學目的芻議》，余國端，華中農學院。

《大學語文教學的任務》，語文室，南京金陵職業大學。

《談談理工科大學的「大學語文」課》，大語室，華中工業院。

《大學語文的教學和理工科大學生精神文明的建設》，陳貽芳，上海交通大學。

《工科大學語文教學改革芻議》，趙士華，上海交通大學。

《比較論述文學與科學的關係》，韓祖緹，華東化工學院。

《試論大學語文教學中的愛國主義教育》，宙浩，南京師範學院。

《文學與自然科學——也談理工科大學開設語文課的必要性》，金健民，山東農業機械化學院。

《對工科院校開設中文課程的幾點認識》，大語室，西安公路學院。

《關於修訂「大學語文」課本的幾點意見》，張大芝，杭州大學。

《談談「大學語文」教材的幾個問題》，甘祺庭，南寧師範學院。

《對「大學語文」的幾點意見》，語文室，浙江冶金經濟專科學校。

《大學語文教學大綱（初稿）附：「大學語文」課文目錄》，語文室，貴州財經學院。

《對「大學語文」教材之我見，附「先秦部分」思考練習題》，李光顯，西南交通大學。

《「大學語文」課教學大綱（討論稿)》，大語室，華東師範大學。

《略談「大學語文」教材體系，附：大學語文教學提綱》，大語室，哈爾濱師範大學。

《對「大學語文」的幾點意見》，語文室，杭州電子工業學院。

《試談「大學語文」教學》，蘇道明，杭州商學院。

《對「大學語文」教材的幾點想法》，大語室，黑龍江商學院。

《關於「大學語文」的若干淺見》，大語組，北京財貿學院。

《談「大學語文」中唐詩部分應增選七絕》，潘清劭，上海交通大學。

《關於「大學語文」若干注釋的商榷》，黃洵，黑龍江大學。

《論〈橘頌〉及〈橘頌〉的注釋》，金健民，山東農業機械化學院。

《是竹「喧」還是人「喧」——試談王維〈山居秋暝〉的一條注釋》，劉映芳，杭州商學院。

《關於編寫〈醫學應用文寫作基礎〉的意見》，教研室，新疆石河子醫學院。

《對現行「大學語文」課本中部分注釋的意見》，周超，安徽師範大學。

《教材的形象應該別開生面——對「大學語文」編選的幾種說明》，語文室，瀋陽機電學院。

《對大學語文教學的意見》，教研室，黑龍江八一農墾大學。

《淺探大學語文課中的寫作教學》，李德宣，長春光學精密機械學院。

《大學語文教學情況介紹》，華滇珂，山東大學。

《淺談「比較法」——「大學語文」教學體會》，顏玲，上海第一醫學院。

《「大學語文」教學中的幾點體會》，大語室，齊齊哈爾師院。

《我是怎樣進行「漢語寫作」教學的》，唐雅麗，華南農學院。

《培養大學生學習語文的興趣和主動性》，裘漢康，中山大學。

《大學語文教學如何適應工科院校特點的探索》，鄭元忠，雲南工學院。

《關於理工科大學開設語文選修課的幾點體會》，語文室，西南交通大學。

《我們在大學語文課中是如何貫穿思想教育的》，語文組，長沙鐵道學院。

《工科大學語文教學淺談》，語文室，包頭鋼鐵學院。

《讓學生自己獲得增長知識的能力》，李滔萍，包頭鋼鐵學院。

《教得活一點》，劉振基，西北民族學院。

《大學語文教學淺嘗》，大語室，中國科技大學。

《語文教學結合美術專業芻議》，鄭朝，浙江美術學院。

《我對「大學語文」教學的一些看法》，徐祖琴，上海冶金專科學校。

《談談大學語文的課堂教學與學習興趣》，黃子俊，華東紡織工學院分院。

《努力提高學生學習大學語文的積極性》，呂眞榮，吉林省四平師範學院。

《關於我院的語文課教學》，劉鎭幹，大連海運學院。

《以一篇帶一組——「大學語文」講授方法的一點嘗試》，大語室，錦州師範學院。

《重視文學價值，提高學生欣賞和表達能力》，大語室，錦州師範學院。

《努力實踐語文教育與美育的密切結合》，郭雅書，錦州師範學院。

《關於大學語文教學中中國文學史教學的初探》，大語室，大連工學院。

《師範專業開設公共語文的幾點體會》，莊正，上海師範學院。

《〈秦晉殽之戰〉教學初探》，管溢聲等，昆明工學院。

《「大學語文」中古典詩詞課堂教學的藝術性》，許永璋，南京大學。

《教學心得瑣談》，周明，南京大學。

《大學語文課結合選文進行寫作知識教學的初步經驗》，關肇昕等，南京師院。

《論諸子散文講疏中的詞章訓釋和哲理分析》，馮正，江蘇公安專科學校。

《我們是怎樣培養大學生學習語文的興趣的》，宋凡聖，浙江農業大學。

《天津大學大學語文教學概況》，大語室，天津大學。

《理工科大學語文課芻議》，蔣端松，上海科技大學。

《談談「三性」結合進行教學》，王慶會，瀋陽音樂學院。

《寫作教學要貫徹理論聯繫實際的原則》，余立人，安徽財貿學院。

《關於「大學語文」教學思想、課程體系及教學方法之淺見》，胡坤慧，上海工業大學。

《「大學語文」文道結合初探》，陳文富等，上海商業職工大學。

《「大學語文」教材教法小議》，余辛，福建師範大學。

《關於高等師範院校設置「大學語文」課的幾個問題》，于文，福建師範大學。

《從財經院校的特點和需要出發努力改造漢語寫作教學》，語文組，山東經濟學院。

《「大學語文」教學管見》，趙雲中，西南師範學院。

《談對「漢語與寫作」課的幾點看法》，大語室，安徽財貿學院。

《理直氣壯地上好大學語文課》，語文組，貴州財經學院。

《必須十分重視應用文寫作教學》，語文組，貴州財經學院。

《我們是怎樣進行語文教學的》，語文室，上海第二醫學院。

《大學語文課的篇章教學》，翁德森，華東師範大學。

《談談理工農醫大學的語文教學》，沈守愚，南京農學院。

《我們怎樣上「大學語文」課》，大語組，廈門大學。

《淺探欣賞能力的培養》，祖志德，黑龍江農墾師範學校。

《「大學語文」教學初探》，劉振舉，杭州師範學院。

《把學生學習語文的積極性調動起來》，張樹人，長春光學精密機械學院。

《我們在大學語文課寫作教學中的一些做法》，教研室，西北建築工程學院。

《邊疆大學的語文課教學》，李四九，雲南工學院。

《基礎寫作課教改初探》，陳惠欽，西北大學。

《大學語文教學瑣議》，高海夫，陝西師範大學。

《使理工科「現代漢語」教學切合實用的一點嘗試》，陳國梁，西安公路學院。

《說柳永〈雨霖鈴〉》，王明孝，南京金陵職業大學。

《〈子路曾皙冉有公西華侍坐〉的思想與藝術》，楊志華，南京金陵職業大學。

《讀〈秋聲賦〉管見》，顏玲，上海第一醫學院。

《聽牢騷，評情操──試談〈秋聲賦〉的思想性》，王英群，南京糧食經濟學院。

《羅敷形象析》，李郁松，新疆石河子醫學院。

《〈前赤壁賦〉中人和水、月的關係》，徐光湄，杭州商學院。

《生動的記敘，憤激的議論──讀韓愈〈張中丞傳後敘〉》，顧康祖，杭州商學院。

《試析〈聲聲慢〉疊詞的特色》，陳文富等，上海商業職工大學。

《〈莊子〉二則寓言簡析》，周承珩，寧波師專。

《〈登岳陽樓〉解說》，紀作亮，巢湖師專。

《「大學語文」中唐詩宋詞的語法修辭特點》，狄兆俊，上海外語學院。

《論〈九歌〉的思想意義》，包景城，華東紡織工學院。

《晉初的「信仰危機」、李密的辯才及其他──對〈陳情表〉的寫作背景和作者的一些探討》，張宗原等，華東化工學院。

《大學語文研究資料》（一）中語室，湖南財經學院。

《讀崔顥〈黃鶴樓〉詩》，林鐵民，廈門大學。

《〈長恨歌〉主題新探》，周明，南京大學。

《新詩〈奠基人〉與〈沫若詩詞選〉》，徐志遠，遼寧商專。

《情眞理切，惻然動人──讀〈陳情表〉》，周牧，華中工學院。

《讀李煜詞兩首》，劉敬黃，華中工學院。

《香港中文大學「大一國文」科教材檢討及小組導修簡介》，楊鍾基，香港中文大學。

《香港中文大學「大一國文」科簡介》，張雙慶，香港中文大學。

《香港中文大學「大一國文」語文教材及習作檢討》，蔣英豪，香港中文大學。

附錄二　本書參考書目

（一）論文索引及目錄

1. 《教育論文索引》，國立師範學院資料室，教育參考資料彙編第二種，1948。

2. 《近十年教育論文索引》，司琦，中華文化出版事業委員會，1957。

3. 《教育論文索引》，國立臺灣師範大學圖書館，1957～1977。

4. 《中國近二十年文史哲論文分類索引》，國立中央圖書館，1970。

5. 《教育論文摘要》，國立臺灣師範大學圖書館，1978～1981。

6. 《全國新書目》，中央人民政府出版總署圖書館，1950～1979。

7. 《全國總書目》，中華書局，1956～1978。

8. 《香港教育問題研究目錄》（一）（二），李業富、馮慕潔，香港中文大學學生會資料中心，1973。

（二）期　刊

1. 《人民教育》，人民教育社，1979～1981。

2. 《中國語文》卷37～49，中國語文月刊社，1975～1981。

3. 《中國語文學報》，期1～8，南洋大學中國語文學會，1969～1976。

4. 《中華教育界》，復刊卷第1期（抗戰十年來中國教育總檢討專號），中華書局，1947。

5. 《研習叢刊》，饒朋湘、鄭蕤，臺中師範專科學校，1968。

6. 《國文月刊》，期41～82，上海開明書店，1930～1949。

7. 《國文學報》，期1～4，國立臺灣師範大學國文系，1972～1975。

8. 《教育研究》，中央教育科學研究所，北京人民出版社，1979～1981。

9. 《教育曙光》，期 15～20，香港教師會會刊，1974～1978。

10. 《教育雜誌》，卷 1～33，臺北商務印書館重刊，1909～1948。

11. 《教育資料科學》，卷 3～22，臺北淡江文理學院教育資料科學月刊社，1972～1982。

12. 《教育實踐》，期 5～6，上海人民出版社，1976。

13. 《教育文摘》，期 6～17，臺北國立教育資料館，1956～1957。

14. 《教育學報》，期 1，香港中文大學教育學院，1968。

15. 《教育季刊》，卷 14～16，中華基督教教育協會，1938～1940。

16. 《教育研究叢刊》，期 1～3，中央教育科學研究所，教育科學出版社，1980。

17. 《教育通訊》，卷 1～3，教育通訊週刊社，1949～1951。

18. 《教育與文化》，卷 6～16，教育與文化社，臺灣書店，1955～1958。

19. 《教育資料集刊》，輯 1～7，國立教育資料館，1976。

20. 《教育叢刊》，卷 1，國立中央大學教育學院，1934。

21. 《教育實踐》，上海人民出版社，1975～1976。

22. 《教與學》，期 1～17，教與學雜誌社，1975～1979。

23. 《教學與研究》，中國人民大學，1979～1981。

24. 《教學研究所集刊》，輯 1～24，國立臺灣師範大學，人民教育社，1958～1982。

25. 《新教育》，廣東師範學院，廣東人民出版社，1976～1977。

26. 《語文雜誌》，期 1～5，香港中國語文學會，1979～1980。

（三）專　書

1. 《教育法令選》，教育雜誌社，上海商務印書館，1925。

2. 《三十五年來中國之大學教育》，何炳松，上海商務印書館，1931。

3. 《中國現代教育史》，周予同，良友圖書公司，1934。

4. 《教育法令彙編》第一輯，上海教育部參事處，1936。

5. 《現代中國及其教育》，古楳，中華書局，1945。

6. 《中國近七十年來教育記事》，丁致聘，1961。

7. 《中國近代教育史資料》，舒新城，人民教育出版社，1961。

8. 《最近卅年中國教育史》，陳啓天，文星書店，1962。

9. 《中國教育之改進》，國聯教育考察團，文星書店，1963。

10. 《近卅年中國教育述評》，張正藩，正中書局，1964。

11. 《戰時教育行政回憶》，陳立夫，臺灣商務印書館，1970。

12.《六十年來的中國教育》，孫邦正，臺北正中書局，1971。

13.《近五十年來之中國教育》，中國教育學會，復興書局，1977。

14.《我國近代教育的發展》，黃中，臺灣商務印書館，1980。

15.《教育參考資料選粹》，胡歐蘭，楓城出版社，1980。

16.《中華民國開國七十年之教育》，郭為藩，臺北廣文書局，1981。

17.《中國近代教育大事記》，陳學恂，上海教育出版社，1981。

18.《全國高等院校介紹》，編輯小組，科學普及出版社，1983。

19.《北平各大學的狀況》，新晨報叢書室編印，1929。

20.《戰火中的大學》，成仿吾，人民教育出版社，1982。

21.《京師大學堂》，莊吉發，國立臺灣大學文學院，1970。

22.《北京大學》，北京大學編，上海人民美術出版社，1958。

23.《北京大學校史》（1898～1949），蕭超然等，上海教育出版社，1981。

24.《學府紀聞・國立北京大學》，陳明章，南京出版有限公司，1981。

25.《清華大學校史稿》，清華大學校史編寫組，中華書局，1981。

26.《學府紀聞・國立清華大學》，陳明章，南京出版有限公司，1981。

27.《學府紀聞・國立西南聯合大學》，陳明章，南京出版有限公司，1981。

28.《學府紀聞・國立交通大學》，陳明章，南京出版有限公司，1981。

29.《學府紀聞・國立武漢大學》，陳明章，南京出版有限公司，1981。

30.《學府紀聞・國立河南大學》，陳明章，南京出版有限公司，1981。

31.《學府紀聞・國立政治大學》，陳明章，南京出版有限公司，1981。

32.《學府紀聞・國立南開大學》，陳明章，南京出版有限公司，1981。

33.《學府紀聞・私立大夏大學》，陳明章，南京出版有限公司，1981。

34.《學府紀聞・私立中國公學》，陳明章，南京出版有限公司，1981。

35.《學府紀聞・私立輔仁大學》，陳明章，南京出版有限公司，1981。

36.《學府紀聞・私立燕京大學》，陳明章，南京出版有限公司，1981。

37.《北京師範大學校史》，編寫組，北京師範大學出版社，1982。

38.《教育雜文》，教育雜誌社，上海商務印書館，1925。

39.《教育短評》，教育雜誌社，上海商務印書館，1925。

40.《現代教育論集》，瘂弦，幼獅文化公司，1932。

41.《新教育論集》（1～5冊），張其昀，中國新聞出版公司，1955。

42.《現代教育論叢》，孫亢曾等，臺灣開明書店，1968。

43.《教育發展》，三民主義模範省建設叢書，臺灣省政府新聞處，1971。

44.《教材之研究》，教育雜誌社，上海商務印書館，1925。

45.《課程教材教學》，潘宗堯，香港華商書報社，1970。

46.《中國教育改革之途徑》，陳果夫，上海正中書局，1945。

47.《中國教育問題》，孫邦正，臺灣商務印書館，1970。

48.《香港教育》，阮柔，進步教育出版社，1948。

49.《香港專上教育的探討》，鄭宇碩，香港明報月刊，1981。

50.《高等教育研究》，中國教育學會，正中書局，1965。

51.《當前高等教育的問題》，張春興，中國論壇叢書，1980。

52.《大學校之教育》，教育雜誌社，上海商務印書館，1925。

53.《大學教育》，陳炳權，中華文化出版事業社，1959。

54.《語文通論》，郭紹虞，開明書店，1941。

55.《國文教學》，朱自清，太平書局，1963，香港版。

56.《知堂回想錄》，周作人，香港三育圖書文具公司，1971。

57.《葉聖陶語文教育論集》，葉聖陶，教育科學出版社，北京，1980。

58.《高等學校學生的學習和生活》，子明等，生活・讀書・新知，1955。

59.《今日的大學和大學生》，大學叢刊編委會，環宇出版社，1970。

附錄三　大學國文課本選文索引

代號	書　　名	本書第二章敘錄節數	編　　者	出版日期
1	大學國文	四	沈啓无	一九四二年十一月
2	大學國文選	五	朱自清伍俶	一九四三年
3	大學文選	六	傅東華	一九四四年
4	輔仁大學三十七年度國文選本	七	輔仁大學	一九四八年
5	大學國文「現代文之部」	八	華北人民政府教育部編委會	一九四九年十一月
6	新編大一國文選	十	郭紹虞吳文祺章靳以	一九五〇年八月
7	大學國文「文言之部」	九	北京大學及清華大學中文系	一九五〇年
8	大學國文選	十一	黃華表	一九五四年十月
9	大學國文	十二	鍾魯齋	一九五五年一月
10	南洋大學基本國文	十三	佘雪曼	一九五六年三月
11	古代漢語	十四	王力主編	一九六二年九月
12	大學國文選	十五	新亞書院中文系	一九六三年九月
13	大學文選析義	十九	郭霖沅	一九七二年三月
14	大學散文精讀	十七	李日剛	一九六九年十月
15	大學一年級國文教材	二十	崇基學院中文系	一九七二年九月
16	大學國文講義	廿一	香港中文大學中文系	一九七三年
17	大學國文選	廿二	中國文化學院	一九七四年八月

18	大學國文選	廿三	國文教學研究會	一九七四年七月
19	大一國文教材	廿六	崇基學院中文系	一九七六年
20	國立政治大學國文選	廿五	國立政治大學中文系	一九七六年
21	大一國文教材	廿七	香港中文大學中文系	一九七七年
22	大一國文教材	廿八	香港中文大學中文系	一九八〇年
23	大學文選	三十	國語日報古今文選編輯室	一九八〇年
24	語文「高等教育自學輔導叢書」	卅三	李景華王振堂劉瑞玲	一九八二年
25	國立臺灣大學國文講義	卅六	臺灣大學中文系	一九八二年
26	大學語文	卅一	徐中玉主編	一九八一年
27	大學語文「補充教材」	卅四	徐中玉錢谷融	一九八二年
28	大一國文教材	卅八	楊鍾基張雙慶蔣英豪黃坤堯	一九八三年

案：本索引所列文章以作者之時代先後為序，後列上述 38 種教材之代號，例如《乾文言》一文見於代號「2」「8」即朱自清及黃華表教材選本。

易經

　　乾文言　2，8

　　易繫辭古者庖犧氏章　18，23

　　坤文言　2

詩經

　　氓　2，7，9，10，11，17，24，25，26

　　蒹葭　2，9，11，17，23，25，28

　　七月　2，11，18，20，23，24，25

　　靜女　11，15，19，21

　　東山　2，7，10，20

　　關雎　9，11，13，25

　　柏舟　11，25，28

　　黍離　11，23，25

　　溱洧　23，25

　　采薇　25，26

　　伐檀　11，23

大學國文課程百年變遷與
新世紀的挑戰

楊鍾基

　　本文所論的大學國文課程，取其廣義，泛指在大學及專科院校爲非語文專業學生而設、旨在提高其漢語水平的教學活動，包括正規學科、短期講座、與校園生活結合的語文活動，以及有關配套設施例如語文自學中心等。

　　在大學階段還有沒有學習國文的必要？大學國文教育的目標何在？與中學國文科有什麼不同之處？面對大專學生語文水準普遍低落的困境，有何解困之方？迎接新世紀對語文需求的轉變，以及信息科技飛躍進展對舊有教學模式的衝擊，有何長遠對策？這些都是語文教育界關心的問題。筆者曾在1983年制定研究計劃，考究大學國文科的歷史沿革及在中國大陸、臺灣和香港的實施情況，並搜集民國以來的大學國文教科書，加以敘錄及評論，撰成12萬字的研究報告〔註1〕，又先後在最近3年的大專語文教育研討會上發表以下三篇論文：《就香港大專中國語文教學的困局探討語文自學中心的角色》〔註2〕、《從中大經驗看語文能力提高計劃的分工與配套》〔註3〕、《從因材施教與學以致用探討大學語文自學中心的發展》〔註4〕。本文的寫作，可以說是上述研究報告的總結，並嘗試據以回應新世紀對大學語文教育的挑戰。

〔註1〕《大學國文研究報告》，中國文化研究所資助研究計劃，1983年。

〔註2〕刊登於《中國語文通訊》第40期（1996年12月香港中文大學中國文化研究所出版），第1～8頁。

〔註3〕刊登於《香港中國語文教學論文集——從預科到大專》（1998年3月香港中文大學中國語言及文學系出版），第71～81頁。

〔註4〕發表於「香港大專中國語文教學研討會」（1998年5月19～21日）。

　　新式大學在中國的創設，始於 20 世紀的前夕〔註5〕。京師大學堂的課程門目表中，並無「國文」一科，而性質與後來大學國文科相近的，則有預備科中的「經學」、「諸子」和「詞章」。師範館課程中亦有「經學」和「作文」。後來的大學國文科課程，每每將群經、諸子、詞章兼包並蓄，可說是濫觴於此。

　　1912 年中華民國成立，翌年頒佈的「大學規程」規定在大學預科開設「國文」科。至於師範學校，「國文」除為預科必修課程，更列為本科四年的必修科目，教學時數如下：

	預科	一年級	二年級	三年級	四年級
普通師範	10	5	4	3	3
女子師範	10	6	4	2	2

　　「師範學校規程」第十一條云：「國文要旨，在通解普通語言文字，能自由發表思想，兼涵養文學之興趣，以啟發智德；並解悟高等小學校及國民學校國文教授法。國文首宜授以近世文，漸及於近古文，並文字源流、文法要略及文學史之大概，使熟練語言，作實用簡易之文，兼課教授法。」以民國初年的北京師範大學為例，長達四年的「國文」課程，包括模範文講讀、學術文講讀、國文法、修辭學、國文評點、作文、文字學、文學史、國文演習、國文閱書質疑和習字等項目。從上列頗為龐雜的內容都歸入「國文」課程當中，可見當時對「國文」一詞的理解，含義廣泛，而設立國文科的目標，也成為持久爭論的問題，將在後文詳加討論。

　　民國成立，直到 1938 年教育部訂定全國統一課程為止，各大學在開設國文科方面各自為政，約可分為四類：一、只在附屬預科中開設，而本部課程不開國文者，如國立北京大學、國立北平大學。二、在預科及大學本部均設此科者，除師範大學外，尚有燕京大學、交通大學等。三、並不開設預科，本部亦不設國文科者，如協和醫學院。四、不開預科，而本部開設國文科者，如國立清華大學。

　　到了 1938 年，教育部正式規定，以國文科為基本工具科目，全國大學各院系學生均須於一年級修讀。教育部又於 1942 年聘請專家多人召開大一國文

〔註5〕京師大學堂何年開辦，在研究者中頗有爭議，計有 1898 年 12 月 3 日、1899　　　年 1 月 28 日及 1902 年 12 月 17 日三種說法；莊吉發：《京師大學堂》（1970　　　年 8 月國立臺灣大學文學院出版）第一章。

編選會議，以朱自清、伍俶爲主編，選出古文 50 篇，在 1943 年刊行了《部定大學用書·大學國文選》〔註6〕，是爲第一本全國通用的大學國文課本。

從 1949 年到今天的半個世紀，大學國文科的演變，可分中國大陸，臺灣和香港三方面敘述。

中國大陸方面，在 1949 年之後，教育當局並沒有將國文定爲必修科目。最初幾年尚有開設，其後各校逐漸停開。直到 1978 年，由南京大學校長匡亞明倡議並在南大開設「大學語文」科，本科才恢復成爲基礎課程。經過 20 年的推廣，開設「大學語文」科的院校大增，但仍未定爲全國高等院校的必修科目。

臺灣方面，仍然繼續 1938 年教育部制定的政策，將「國文」科定爲大學一年級的共同必修科目，規定「國文」科須修習 8 個學分，第一學年上下學期各修 4 學分，每周上課 4 節。

臺灣各大學所用的國文教材，除國立編譯館所編的《大學國文選》之外，各校亦有自編教材。茲以國立臺灣大學歷年教材更迭爲例，以見教學重點的變化。

1953 年前，臺大國文教材爲專書選讀，所用專書爲《史記》及《孟子》。1954 年至 1959 年改用《史記》與《左傳》。1960 年除沿用《史記》及《左傳》，加入蔡元培所著之《德育講義》。1961 年於《史記》、《左傳》外，改用朱自清所著之《經典常談》，加入陸侃如、馮沅君合著之《中國文學大綱》。1970 年仍復 1961 年之舊，用《史記》、《左傳》及《經典常談》。1971 年改用自編《國文講義》。1975 年用聯經出版社之《大學國文》，內容包括：史記選、散文選、韻文選，並大量選讀清末民初薛福成、曾國藩、王國維、蔡元培、梁啓超、傅斯年、胡適、蔣夢麟等人的文選。1979 年之後，使用自編之《國立臺灣大學國文講義》。至於教學編排方面，臺大現行制度，爲兩學期課程，每學期 18 周，每周 4 節，每教節 50 分鐘，以系分班，每班 50 人。課堂講授以串講範文爲主，每學期作文三篇，全校統一命題考試。

相對於中國內地和臺灣的穩定狀態，20 世紀後半期大學語文科在香港的變化可說是相當急劇，在 70 年代、80 年代和 90 年代都有方向性的改變。茲以香港中文大學的大學國文課程爲例，作一簡介。

香港中文大學在 1963 年正式成立，而其成員書院的歷史則可追溯到 50

〔註 6〕國立編譯館出版，正中書局印行。

年代初期。以新亞書院爲例，1949年創校伊始即已開設必修科「大一國文」和「大二國文」，更有可供選修的「大三國文」，可見對大學語文教育的重視。直至1972年爲止，三間成員書院所用的大學國文教科書包括傅東華主編的《大學文選》和王力主編的《古代漢語》等六種，所選範文全爲文言文，課堂活動以串講範文爲主。課程設計的理念，是在中學的基礎上更上一層樓，相信通一經可以馭百理，讀好文言便能寫好語體。此種浸潤薰陶的方式能否成功，頗視乎教師的人格學養對學生的感召，亦視乎學生能否舉一反三，觸類旁通，較爲適合於精英教育。

大學國文科在中大的變革，可以從1972年崇基學院所編印的《大學一年級國文教材》反映出來。此書在編輯方針上作出突破性的改變，除大量選入現代人的作品之外，並將教材劃分爲12個單元，計有：一、語文學習；二、儒家思想；三、道家思想；四、史傳文學；五、論說文學；六、寫景文學；七、序記文學；八、應用文；九、翻譯文學；十、詩歌；十一、小說；十二、文學評論。從上述的項目，可以看到編者的苦心，力圖兼及古今中外的作品，統括語文、文學、文化的範圍，以求容納知識性、科學性、藝術性和實用性的需求。類似的教材，分別在1973年和1977年略作增刪，主要是刪去思想史和翻譯文學，增加了科技文、報告文學以及有關現代社會和經濟的文章。從這三套教材得到的啓示，最重要的是大學語文教育的多元化取向。語文本身是一種媒介、一種傳意工具，自有其運用的規律和理論，故有「語文學習」的單元。就文章的表達方式切入，乃有「論說文學」、「寫景文學」、「序記文學」等單元。就語文的藝術價值而言，則有各種文學欣賞的單元，如詩歌、小說、翻譯文學，並且輔以「文學評論」。就語文作爲思想的運載工具，乃用「儒家思想」、「道家思想」等單元。就語文的反映時代，經世致用乃至日常應酬的功能，遂有「科技文」、「經濟文」、「應用文」以至「報告文學」等單元。在這十多個單元之中，包含了「語文」、「文學」、「文化」以及「道德倫理」四大教育目標。就其優點而言，當然是兼容並包；可是教學目標的多元化，也有流於氾濫無歸的危機。大量作品的選入，以有限的教學時數自不可能教完，而教師也就按個人所傾向的目標，各取所需。

從70年代後期開始，本科的教學重點已由精講範文漸漸轉移到著重語文練習。由於中大將通識教育列爲必修課程，思考訓練、文化修養、以至道德教化的責任，都不必由大學語文科負擔。另一方面，由於種種原因，導致中

學畢業生的中文水準江河日下。不少文學院以外的同事以至大學的高層人員，在不滿意大學生的中文能力不足以應付學習的同時，每每建議「大一國文」科在教學上不要多講艱深的文化和文學作品，而要加強能夠立竿見影、即有成效的實用訓練。這些要求，在任教此科的同事間頗為引起爭論，也自然影響到課程設計的方向。

到了 1980 年，本科的設計出現了方向性的變革。中大中文系出版《大學國文教材》及《大學國文教材補篇》。主要的改革是將「語文知識」和「語文練習」與範文分開，歸入《大學國文教材補篇》，顯示了語文訓練成為本科的主要目標。至於範文部分，則大為壓縮，只分論說與記敘兩類，舊有課本中的詩詞、小說、戲劇及文學評論，全部刪除。這套課本在使用了兩年之後，一般師生的意見，是略嫌過於偏重語文訓練，所選文章能引起學生興趣者不多，尤其是缺乏了詩詞和小說，使人感到有所不足。此一課本在 1982 年再作修訂，分為三冊，即《大學國文教材——古代漢語之部》、《大學國文教材——現代漢語之部》和《中國語文論文選》。修訂的重點有三項：其一是充實語文論文部分，自成獨立教材；其二是補充數篇現代小說和小量古典詩詞；其三是選文以內容為重，而不求反映文學流變或文體類別。此一模式，再經兩次略作增刪，基本上沿用至本科取消之日。

隨著大學三年制的確立，香港中文大學的大學國文必修科學年課程終於在 1994 年取消，代之而起的是各類新生事物。首先是早在 1993 年試行開設的語文選修科，其次是 1994 年成立的語文自學中心中文部，然後是 1996 年開始的由各書院主辦的語文能力提高計劃，還有從 1997 年開始在全校實施的英語、普通話和粵語精修課程，以及計劃中的通識教育改革等。相對於行之有效的大學國文科，這些新生事物能否發揮功能以至如何使之獲得最大的收益，便成為課程設計者的考驗。

上文簡單回顧了大學國文課程的發展歷程。在進入迎接新世紀挑戰的討論之前，擬就本文開始時提出的一些基本問題作簡要的論述。

首先，在大學階段還有沒有學習國文的必要？這是直接影響到本科存廢的關鍵問題。這個問題可從現實、理想和功能三個角度考察。就現實情況而言，現時本港各間大專院校紛紛增設語文課程。這些課程儘管定下提高和加強語文能力的目標，可是實質上卻只是試圖補救大學生語文能力不足的困局。尤有甚者，是限於學分和教學時數，種種補救措施有時流於聊備一格，

徒勞無功。從大學確實負擔了本來應在中學階段完成的任務此一事實，顯示出中學教育出了問題。問題一天不解決，大學便無可奈何地爲中學「補課」。反過來說，此一現實性的任務亦可以因中學語文教育的改善而免除。其次，說到理想的層面，從中國最早的新式大學將「群經」、「諸子」列爲預備科必修課程，早期的師範大學更列出長達五年、包括詞章、學術、文字學、文學史等十大項目的國文課程，可見大學教育設計者對此科期望之殷。直到 70 年代後期，中國內地恢復開設大學語文科，從各種教科書所見，仍是力求包括文學史以至文化史的體系；在大學語文教學研討會中，內地學者談得最多的論題是如何通過本科實施思想教育和文化教育。故就大學國文肩負實踐大學教育理想的崇高使命而言，本科自有無可置疑的存在價值。可是，愈來愈多的實踐經驗顯示，以有限的教學時數，貫徹包括語文、文學、文化、道德以至國民教育的目標，只會造成互相干擾或流於聊備一格，敷衍了事。隨著通識教育的發展以及內地將部分人文社會科目列爲大學必修科，原來依附於大學國文的各項目標已被多門科目所取代。在適當的分工之後，大學國文科的存廢便得回到語文教育本身的功能來考慮。

大學語文科應該教些什麼？大學國文與中學國文有何分別？就語文作爲學習工具而言，工具的磨礪，精益求精，其需求是與時俱進，永無止境的。相對於中學語文基礎著重於共同的規範，在大學階段，由於學科的不同，帶出了專業語文的要求，例如「中醫古文」的選材，即較一般大學語文科遠爲深奧。由此可見，預科語文課程不可能取代大學的特殊訓練，彰彰明甚。其次，就教學重點而論，語文訓練聽、講、讀、寫、思維、自學六大範疇。相對於中學語文教育著重於聽、講、讀、寫等具體項目，大學階段則應以思維和自學爲主。落實到大學語文教學上，對思維的訓練，包括從理論的層面掌握語文的要素，通過小組教學的質疑論難培養獨立思考能力，並且通過以創意爲主的寫作引發思考的突破。

總結前文，筆者對於大學語文課程的角色有一個卑之無甚高論的看法，就是既不宜任其淪爲中學和預科的補習班，但也不應將大學語文課教成道德課、文化課、思想史課或文學史課。此外，也有必要進而闡明，語文就其基本功能而言，固然是一種用於溝通傳意和學習的工具，可是此種工具卻不能離開所傳達的內容而獨立存在，由此而引出用什麼工具（意指包含實質內容的教材）來學習使用語文此一工具，以及使用語文此一工具來學什麼特定內

容等兩大課題。在後者來說，語文是手段；在前者來說，語文是目的。後者引出「專業語文」課，前者引出「語文專業」課。「專業語文」課的教材，在此暫且不論。至於「語文專業」課的教材。仍是不可能離開「言之有物」的內容和具有感染力的文字，上文提出不宜將國文課教成「文化課」或「文學史課」，絕非排斥具有思想內涵和美感的佳作，而是希望劃清主從關係，通過文學史上的名篇去學語文，有別於學語文變成唸文學史。上文引述香港中文大學分別在 1972 年、1980 年和 1982 年三套教材的轉變，足以印證此一理念。

在對本科的問題有一定的認識之後，或可進而探索未來的方向。有關大學國文科在兩岸三地實施的最新情況，筆者對內地和香港較為熟悉，至於臺灣方面，則有待他日補論。從近年參加內地大學語文教學研討會得知，大學語文科的開設仍未遍及全國高等院校。大學語文教育資源有待增加，語文教師教學負荷甚重，每班人數偏多，亦缺乏信息科技的支持。至於香港方面，大專院校都有開設語文課程，設置語文自學中心的院校日漸增加，教學研究工作相當活躍，更有部分院校致力設計統一考試，為測量大學生的語文能力釐定客觀標準。種種措施，從正面來看，固然未嘗不可顯示大學語文教育工作者日新又新，謀求進步；可是換一個角度，不必諱言，就是香港的語文教育工作者面對較之他們在海峽兩岸的同行更嚴峻的困局，使他們不得不在窮中求變。擺在眼前的事實，是多年來語文水準的持續下降，使得大學新生的語文能力不足以應付學習，大學畢業生的語文能力不足以應付工作。僱主敲響了警鐘，處身教學前線的教師更有切膚之痛，可是短短的三年時間，在滿足主修、副修、通識教育、體育等科目的起碼要求之後，幾乎沒有學分可供修讀正規的語文課程，倘若依照正常途徑，也就無從補救。

上述的憂慮是否危言聳聽，只需回溯香港中文大學中國語文教育的歷史，便可找到答案。中大由崇基、新亞、聯合三間書院組成。在大學成立初期，各成員書院保持課程設計的自主。有如上文所述，新亞書院即規定全體學生必修大一及大二國文，選修大三國文。當時的中文中學每周的中國語文課約有八至十節。加以大學學額短缺，能進入大學的都是中學的精英。這些精英在大學再接受兩個學年課程的中文訓練，畢業後自能應付裕如。此外，除了規定必修的大學國文，大學還設立語文中期考試，必須及格始可升級。可惜，這些良法美制隨著歲月遷移而日漸萎縮。首先，取消了中期考試和大

二國文，在 70 年代以至 80 年代中期，僅保留大一國文必修。至 1986 年加入甄別豁免機制，成績較佳者可以免修。到了 1994 年，隨著三年制的全面落實，在中大行之 20 餘年的大一國文宣告取消。尤有甚者，相對於 20 年前的精英教育，近年來大學學額大幅增加，入學者的國文水準相對下降；比對 20 年前的中學生一般每周有八至十節的中國語文課，現時的中學課程只有四至六節。前後對照，本港 10 餘年來教育發展的趨勢，學額愈開愈多，學生質素愈來愈差，而用於中國語文教學的時數相反愈來愈少，南轅北轍，背道而馳，難道不是陷入無從超拔的困局嗎？既然整個語文水準的大滑坡早在大學階段之前就已形成，不改變中學的教學媒介，不增加中學中國語文科的教學節數，不延長高中階段的學習年限，不改變中六預科的教育傾向，而將問題帶到大學階段，身為大學的語文教育工作者顯然是無奈而且無助的。

　　暫且撇開學制的困境，繼續大學國文科如何面對新世紀挑戰的探討。簡約而言，21 世紀將是信息爆炸的時代，萬維網的擴展建立了新的社會結構和人際關係，信息科技打入課堂，勢將改變傳統的教學模式。筆者所擬提出的第一個論題，就是狹義的「大學國文」科或者傳統的「大學語文」科的存廢和應變。在 1994 年中大取消大一國文的時候，身為該科設計者之一，在不勝惋惜之餘，卻也有一種如釋重負之感。「如釋重負」貼切於「國文」科的問題，就是因為有許多的文化使命、道德使命、公民教育使命付託於其間。為了落實這些使命，範文教學也就佔據大量教學時數，而教師的串講宣道也成為自然不過的事。既然「壽終正寢」，將這許多使命交給具有無窮的擴展餘地的通識教育，不正是「得大自在」嗎？其次，談到基礎語文課與專業語文課孰優孰劣的問題，傳統的語文教育家多認為只要打好語文基礎，就能執一馭百，應付千變萬化的需求。以筆者多年來實踐所見，舉一反三的教學無疑適用於具有高度轉化能力的學生，然而隨著世變日亟，學能日下，通過一科「大一國文」求以不變應萬變，愈來愈感到力不從心。再從「因材施教」與「學以致用」的角度討論，各系學生的程度、才性以至學習動機和學習目標都有差異。將單一的「大學國文」科或「大學語文」科化為不同程度、不同目標的多元化而且具有針對性的語文課程系列，也就更能適合社會變化的需求。依循此一思路，以下具體介紹香港中文大學在取消大一國文之後的各項措施，信或有助於迎接新世紀的挑戰。

　　一、策略上的分工，早已見於通識教育課程的設計。原來附加於大學國

文的文化任務，通過百彩紛呈的二百多科通識科目得以落實，而原來講授大學國文的教師，亦得以在「中國文化要義」、「中國文學欣賞」、「語言、思考與寫作」等科目展其所長。

二、因應一般學生語文基礎不足而又未必有空餘學分修讀正規語文課程的困境，開設包括「漢語拼音及基礎普通話語法」、「粵語拼音及粵語反切」和「英語表音及基礎英語語法」的短期必修課程。每種語文只有 9 小時的教學時數，除了使學生懂得查字典、讀音和掌握該種語文的語法特質，更在引發學生認識到語文的重要性，從而繼續進修。

三、原來任教大一國文的教師，轉而開設一系列多元化的語文選修科目。例如訓練聽、講與思考的，有「口語傳意技巧」和「演講及辯論」；訓練讀、寫和思考的有「閱讀、思考與寫作」、「語法分析與寫作」、「語言、邏輯與寫作」等；進一步提高文藝寫作和欣賞能力的，有「文藝寫作初階」、「散文賞析及寫作」、「新詩賞析及習作」、「對聯賞析及習作」、「文言小品賞析及習作」等；至於專業語文則有「商用中文」、「行政事務中文」和「中醫古文導讀」等。這些科目各有所司，在同一類別上可以由廣入深，而各類的組合亦可構成具體而微的副修系統。

四、在大學課程外，成員書院舉辦各種非形式教育活動是香港中文大學的教育特色之一。過去數年，各間書院籌辦豐富多姿的語文活動，包括各種專題講座、訓練班、英語和普通話聚談、以至贊助學生到以英語或普通話為母語的地區學習語文，成功地伸延了正規課堂所不及的空間，和課程表以外的學習時間，而更重要的是提供了正規教學以外具有隱蔽性、滲透性以至融入生活的學習方式。此種學習方式在語文學習尤其是母語的學習而言，極為重要。因為語文學習是人類的本能，此一本能的需求來自生活，其表現亦在生活之中，所以通過生活上以身作則的示範和潛移默化，其效果並非正規語文課程所能達致。

五、語文自學中心的設置，在中國語文學習上是新生事物。相對於固定的正規課程，語文自學中心可以發揮最大的彈性和靈活性，也是最有發展潛質的設施。以香港中文大學語文自學中心中文部為例，提供的服務包括下列四方面：（1）多媒體自學器材，包括收音機、錄音機、錄影機、電腦、書籍、報刊和各種自學封套。（2）由中心導師主持的百餘種講座，包括實用性的拼音、會話、語法、修辭以至電腦中文輸入法，中文文書處理，應用文寫作等；

也有提升到思考訓練以至文藝和文化領域的課程，例如創意寫作、文學欣賞、作家訪談、戲劇欣賞等；更有針對某一特定時節的項目，例如新年教寫春聯、畢業前提供求職信寫作輔導和模擬面試等。（3）中心備有各種語文性向和能力的測試設施，並由導師提供一人對一人的諮詢服務。（4）上述的諮詢服務通過萬維網，更將學習的時空推展到校園以外和正規開放時間之後。由此可見，自學中心的服務，除讓學生可以自設目標、自選內容、自排進度、自由自在地學習，更重要的是提供不同的模式和組合，加上導師的個別輔導，因時制宜、因勢利導，達致相體裁衣，因材施教的理想效果。

　　總結以上所論，面對新世紀瞬息萬變的社會和對語文的多樣化的需求，必須建立多元化的既有分工又能配套的學習模式。進一步展望信息科技迅速發展對教學的衝擊，遙距教學和以學生為本的自學形式將會無可避免地成為主流，在加強電腦的檢索速度和教學軟件的互動功能之餘，如何平衡機械媒介與人的關係，將會成為新世紀的重要課題。筆者對此並不悲觀，由於機械的幫助，本來需要由教師通過大班講授、單向灌輸的教學項目可以由學生自行取得，而教師反為可以集中精力，通過小組討論、校園活動和個人輔導與學生直接聯繫。體認教和學都可以無常師、無定法，能解放思想，開放心懷，也就能夠克勝新世紀的挑戰。

（本文錄自方克立　郭少棠　王俊義主編的《中華文化與二十一世紀‧下卷》，中國社會科學出版社 2000，第 1250～1262 頁）